法律法规大字实用版系列

中华人民共和国保守国家秘密法

·大字实用版·

法律出版社法规中心 编

图书在版编目(CIP)数据

中华人民共和国保守国家秘密法：大字实用版／法律出版社法规中心编．－－北京：法律出版社，2024
（法律法规大字实用版系列）
ISBN 978－7－5197－8889－6

Ⅰ．①中… Ⅱ．①法… Ⅲ．①保密法－中国 Ⅳ．①D922.14

中国国家版本馆 CIP 数据核字（2024）第 039761 号

中华人民共和国保守国家秘密法(大字实用版) | 法律出版社 | 责任编辑 陶玉霞 张红蕊
ZHONGHUA RENMIN GONGHEGUO BAOSHOU | 法 规 中 心 编 | 装帧设计 汪奇峰
GUOJIA MIMIFA(DAZI SHIYONGBAN) | |

出版发行	法律出版社	开本	A5
编辑统筹	法规出版分社	印张 6.75	字数 169 千
责任校对	翁潇潇	版次	2024 年 4 月第 1 版
责任印制	耿润瑜	印次	2024 年 4 月第 1 次印刷
经　　销	新华书店	印刷	固安华明印业有限公司

地址:北京市丰台区莲花池西里 7 号(100073)
网址:www.lawpress.com.cn　　　　　　销售电话:010－83938349
投稿邮箱:info@lawpress.com.cn　　　　客服电话:010－83938350
举报盗版邮箱:jbwq@lawpress.com.cn　　咨询电话:010－63939796
版权所有·侵权必究

书号:ISBN 978－7－5197－8889－6　　　　定价:25.00 元
凡购买本社图书,如有印装错误,我社负责退换。电话:010－83938349

目　录

中华人民共和国保守国家秘密法

第一章　总则 ··· 002

　　第一条　立法目的及依据 ························· 002

　　第二条　国家秘密的定义 ························· 003

　　第三条　党的领导 ································· 003

　　第四条　基本原则 ································· 004

　　第五条　保密义务 ································· 004

　　第六条　主管部门 ································· 006

　　第七条　机关、单位保密职责 ···················· 007

　　第八条　保密工作责任制 ························· 008

　　第九条　宣传教育 ································· 008

　　第十条　科技创新 ································· 009

　　第十一条　工作规划和经费预算 ················· 010

　　第十二条　人才队伍建设和表彰奖励 ············ 010

第二章　国家秘密的范围和密级 ···················· 012

　　第十三条　国家秘密的基本范围 ················· 012

　　第十四条　密级 ···································· 014

第十五条 保密事项范围 ················ 016
第十六条 定密责任人 ················ 018
第十七条 定密权限 ·················· 020
第十八条 派生定密 ·················· 022
第十九条 机关、单位的定密职责 ········ 024
第二十条 保密期限 ·················· 024
第二十一条 知悉范围 ················ 025
第二十二条 国家秘密标志 ············· 026
第二十三条 密级、保密期限和知悉范围的变更 ···· 027
第二十四条 审核与解密 ·············· 028
第二十五条 不明确、有争议事项的确定 ····· 030

第三章 保密制度 ···················· 032

第二十六条 国家秘密载体保密管理 ······· 032
第二十七条 密品管理 ················ 034
第二十八条 国家秘密载体管理禁止性规定 ··· 035
第二十九条 国家秘密信息管理禁止性规定 ··· 036
第三十条 涉密信息系统的管理 ········· 036
第三十一条 信息系统、信息设备管理禁止性规定 ···· 038
第三十二条 安全保密产品、保密技术装备的管理 ···· 039
第三十三条 出版媒体及网络信息的管理 ···· 040
第三十四条 网络运营者信息管理和配合义务 ···· 041
第三十五条 信息公开保密审查 ········· 042
第三十六条 数据保密管理 ············ 044
第三十七条 涉外保密管理 ············ 046
第三十八条 会议、活动保密管理 ········ 048
第三十九条 要害部门、部位保密管理 ····· 048

第四十条　军事禁区等场所、部位保密管理 ……………… 049
第四十一条　从事涉密业务的企事业单位保密管理 ……… 050
第四十二条　涉密采购和委托涉密业务保密管理 ………… 052
第四十三条　涉密人员及其权益保护 ……………………… 052
第四十四条　涉密人员管理制度 …………………………… 054
第四十五条　涉密人员出境管理 …………………………… 055
第四十六条　涉密人员离岗离职管理 ……………………… 055
第四十七条　泄密事件报告 ………………………………… 057

第四章　监督管理 …………………………………………… 059

第四十八条　规章、标准制定 ……………………………… 059
第四十九条　监督管理职责 ………………………………… 060
第五十条　定密纠正 ………………………………………… 061
第五十一条　保密检查与依法查处 ………………………… 062
第五十二条　保密违法行为处置措施 ……………………… 062
第五十三条　密级鉴定 ……………………………………… 063
第五十四条　处分监督 ……………………………………… 066
第五十五条　风险评估、监测预警、应急处置、信息通报 ……………………………………………………… 066
第五十六条　行业自律 ……………………………………… 067

第五章　法律责任 …………………………………………… 068

第五十七条　组织、个人保密违法责任 …………………… 068
第五十八条　机关、单位重大泄密和定密不当法律责任 …… 070
第五十九条　网络运营者保密违法责任 …………………… 071
第六十条　承担涉密业务单位保密违法责任 ……………… 071
第六十一条　保密行政管理部门工作人员违法责任 ……… 072
第六十二条　刑事责任 ……………………………………… 073

第六章　附则 …… 076

　　第六十三条　军队保密规定授权 …… 076
　　第六十四条　工作秘密管理 …… 077
　　第六十五条　施行日期 …… 077

附录

中华人民共和国国家安全法（2015.7.1） …… 078
中华人民共和国网络安全法（2016.11.7） …… 092
中华人民共和国密码法（2019.10.26） …… 110
中华人民共和国数据安全法（2021.6.10） …… 120
国家秘密定密管理暂行规定（2014.3.9） …… 130
保密事项范围制定、修订和使用办法（2017.3.9） …… 140
泄密案件查处办法（2017.12.29） …… 146
涉密信息系统集成资质管理办法（2020.12.10） …… 159
国家秘密载体印制资质管理办法（2020.12.22） …… 180
国家秘密鉴定工作规定（2021.7.30） …… 196
派生国家秘密定密管理暂行办法（2023.2.27） …… 204

中华人民共和国保守国家秘密法

- 1988年9月5日第七届全国人民代表大会常务委员会第三次会议通过

- 2010年4月29日第十一届全国人民代表大会常务委员会第十四次会议第一次修订

- 2024年2月27日第十四届全国人民代表大会常务委员会第八次会议第二次修订

第一章　总　　则

◆ **第一条　立法目的及依据**[*]

为了保守国家秘密，维护国家安全和利益，保障改革开放和社会主义现代化建设事业的顺利进行，根据宪法，制定本法。

典型案例

郑某某诉国家保密局不履行法定职责案[①]

要旨　《保守国家秘密法》及相关法律规定并未赋予公民个人要求保密行政管理部门履行保密工作职责的请求权。根据《保守国家秘密法》第1条规定，该法之宗旨，在于保守国家秘密，维护国家安全和利益。因此，保密工作的目的在于维护国家安全和利益，并不直接涉及公民个人合法权益的保护问题。本案中，郑某某作为个人，从主体上不能提出定密异议。故国家保密局认为其申请的行政复议事项，不属于《行政复议法》规定的行政复议范围并无不当。一审法院认定事实清楚，适用法律正确。

---

[*]　条文主旨为编者所加，全书同。
[①]　参见北京市高级人民法院（2017）京行终1890号行政裁定书。

◆ 第二条　国家秘密的定义

国家秘密是关系国家安全和利益，依照法定程序确定，在一定时间内只限一定范围的人员知悉的事项。

📝 名词解释

国家安全，是指国家政权、主权、统一和领土完整、人民福祉、经济社会可持续发展和国家其他重大利益相对处于没有危险和不受内外威胁的状态，以及保障持续安全状态的能力。

◆ 第三条　党的领导

坚持中国共产党对保守国家秘密（以下简称保密）工作的领导。中央保密工作领导机构领导全国保密工作，研究制定、指导实施国家保密工作战略和重大方针政策，统筹协调国家保密重大事项和重要工作，推进国家保密法治建设。

📝 名词解释

中央保密工作领导机构，是指中央保密委员会。中央保密委员会是党管保密的专门组织，在党中央领导下，统一领导全国保密工作，履行全国保密工作的顶层设计、统筹协调、整体推进、督促落实等职责。

◆ 第四条　基本原则

　　保密工作坚持总体国家安全观，遵循党管保密、依法管理，积极防范、突出重点、技管并重、创新发展的原则，既确保国家秘密安全，又便利信息资源合理利用。
　　法律、行政法规规定公开的事项，应当依法公开。

名词解释

　　总体国家安全观，2014年4月15日，习近平总书记在中央国家安全委员会第一次全体会议上提出了总体国家安全观重大战略思想，为新形势下维护国家安全工作确立了重要遵循。党的十九大报告指出："必须坚持国家利益至上，以人民安全为宗旨，以政治安全为根本，统筹外部安全和内部安全、国土安全和国民安全、传统安全和非传统安全、自身安全和共同安全，完善国家安全制度体系，加强国家安全能力建设，坚决维护国家主权、安全、发展利益。"党的二十大报告强调："必须坚定不移贯彻总体国家安全观，把维护国家安全贯穿党和国家工作各方面全过程，确保国家安全和社会稳定。"

◆ 第五条　保密义务

　　国家秘密受法律保护。
　　一切国家机关和武装力量、各政党和各人民团体、企业事业组织和其他社会组织以及公民都有保密的义务。
　　任何危害国家秘密安全的行为，都必须受到法律追究。

实用问答

公安民警应当执行哪些保密守则？

答：根据《公安机关人民警察内务条令》第 105 条的规定，公安民警应当执行下列保密守则：（1）不该说的秘密不说；（2）不该知悉的秘密不问；（3）不该看的秘密不看；（4）不在私人交往或者公开发表的作品中涉及秘密；（5）不在非保密场所阅办、谈论秘密；（6）不在社交媒体发布、传递秘密；（7）不擅自记录、复制、拍摄、摘抄、收藏秘密；（8）不擅自携带涉密载体去公共场所或者探亲访友；（9）不使用无保密措施的通信设备、普通邮政和计算机互联网络传递秘密。

典型案例

李某某资助危害国家安全犯罪活动案[①]

要旨 本案的依法审理，传递出国家安全不容侵犯的坚决态度：不管是谁，只要触犯了我国《刑法》，危害到了我国国家安全，都将依法追究其刑事责任。维护国家安全，人人有责，也必须人人负责、人人尽责。公民和组织应当切实履行维护国家安全的义务，及时报告危害国家安全活动的线索，保守所知悉的国家秘密，为国家安全工作提供便利条件或者其他协助等。机关、人民团体、企业事业组织和其他社会组织应当对本单位的人员进行维护国家安全的教育，动员、组织本

---

① 参见《最高法发布平安中国建设第一批典型案例》，载最高人民法院官网 2021 年 12 月 31 日，https：//www.court.gov.cn/zixun/xiangqing/339541.html。

单位的人员防范、制止危害国家安全的行为。

◆ **第六条　主管部门**

国家保密行政管理部门主管全国的保密工作。县级以上地方各级保密行政管理部门主管本行政区域的保密工作。

名词解释

国家保密行政管理部门，是指国家保密局。国家保密局主管全国保密工作，主要职责有：贯彻党中央、国务院有关保密工作方针、政策、决定、指示，依法履行行政管理职责；制订全国保密工作计划并组织实施，提出改进和加强保密工作的全局性、政策性建议；拟订保密法规，经国家立法机关审定颁布，制定或会同中央有关部门制定保密规章制度，负责保密法规的解释；依法组织开展保密宣传教育、保密检查、保密技术防护和保密违法案件调查处理工作，对机关、单位的保密工作进行指导和监督管理；代表国家处理涉外有关保密工作事务等。

县级以上地方各级保密行政管理部门，是指省级、市级、县级保密局。省级、市级、县级保密局在上级保密行政管理部门指导下，依法指导、协调、监督本地区机关、单位的保密工作。

典型案例

白某某诉中华人民共和国司法部信息公开行政纠纷案[①]

要旨 《国家司法考试保密工作规定》是司法部会同国家保密局依据《保守国家秘密法》及其实施办法和最高人民法院、最高人民检察院、司法部制定的《国家司法考试实施办法》的有关规定制定的司法文
件。根据《保守国家秘密法》的相关规定，司法部和国家保密局在其职权范围内有权共同确定保密事项。因此，司法部会同国家保密局通过《国家司法考试保密工作规定》第4条第3款确定有关国家司法考试的工作秘密事项，不存在违反上位法的情况，可以作为审查行政行为合法性的依据。

◆ **第七条 机关、单位保密职责**

国家机关和涉及国家秘密的单位（以下简称机关、单位）管理本机关和本单位的保密工作。

中央国家机关在其职权范围内管理或者指导本系统的保密工作。

名词解释

机关、单位，是指各级党的机关、人大机关、行政机关、政协机关、监察机关、审判机关、检察机关和各民主党派机关、群团机

---

① 参见北京市第三中级人民法院（2016）京03行初19号行政判决书。

关，以及日常工作中产生、接触、知悉国家秘密的企业事业单位、社会组织和其他组织。

◆ 第八条　保密工作责任制

机关、单位应当实行保密工作责任制，依法设置保密工作机构或者指定专人负责保密工作，健全保密管理制度，完善保密防护措施，开展保密宣传教育，加强保密监督检查。

实用问答

国家卫生健康委员会负责的重大专项项目如何实行保密工作责任制？

答：根据《国家卫生健康委员会科技重大专项保密管理办法》第8条、第9条的规定，重大专项实行保密工作责任制。重大专项实施期间的保密管理工作由国家卫生健康委员会负责，由专项办公室落实，设立专人负责保密工作。主要任务是：（1）传达贯彻落实有关保密工作的法律、法规、文件；（2）组织制定国家卫生健康委员会科技重大专项保密管理办法；（3）组织重大专项保密工作自查，并对专业机构和课题承担单位开展保密检查；（4）指导项目管理专业机构开展重大专项保密工作的具体管理。

◆ 第九条　宣传教育

国家采取多种形式加强保密宣传教育，将保密教育纳入国民教育体系和公务员教育培训体系，鼓励大众传播媒介面向社会进行保密宣传教育，普及保密知识，宣传保密法治，增强全社会的保密意识。

实用问答

各级保密行政管理部门及机关、单位应当如何开展保密宣传教育培训？

答：根据《保守国家秘密法实施条例》第 7 条的规定，各级保密行政管理部门应当组织开展经常性的保密宣传教育。机关、单位应当定期对本机关、本单位工作人员进行保密形势、保密法律法规、保密技术防范等方面的教育培训。

◆ **第十条　科技创新**

国家鼓励和支持保密科学技术研究和应用，提升自主创新能力，依法保护保密领域的知识产权。

实用问答

如何规范科学技术保密制度？

答：根据《科学技术进步法》第 106 条第 1 款、第 107 条的规定，国家实行科学技术保密制度，加强科学技术保密能力建设，保护涉及国家安全和利益的科学技术秘密。禁止危害国家安全、损害社会公共利益、危害人体健康、违背科研诚信和科技伦理的科学技术研究开发和应用活动。从事科学技术活动，应当遵守科学技术活动管理规范。对严重违反科学技术活动管理规范的组织和个人，由科学技术行政等有关部门记入科研诚信严重失信行为数据库。

◆ 第十一条　工作规划和经费预算

县级以上人民政府应当将保密工作纳入本级国民经济和社会发展规划，所需经费列入本级预算。

机关、单位开展保密工作所需经费应当列入本机关、本单位年度预算或者年度收支计划。

实用问答

如何给予保密工作充足有力的经费支撑？

答：根据《保守国家秘密法实施条例》第4条第3款的规定，保密行政管理部门履行职责所需的经费，应当列入本级人民政府财政预算。机关、单位开展保密工作所需经费应当列入本机关、本单位的年度财政预算或者年度收支计划。

◆ 第十二条　人才队伍建设和表彰奖励

国家加强保密人才培养和队伍建设，完善相关激励保障机制。

对在保守、保护国家秘密工作中做出突出贡献的组织和个人，按照国家有关规定给予表彰和奖励。

实用问答

1. 公民和组织发现间谍行为应当如何处理？

答：根据《反间谍法》第16条的规定，任何公民和组织发现间谍行为，应当及时向国家安全机关举报；向公安机关等其他国家机关、组织举报的，相关国家机关、组织应当立即移送国家安全机关处理。国家安全机关应当将受理举报的电话、信箱、网络平台等向社会公开，依法及时处理举报信息，并为举报人保密。

2. 公民获得举报奖励应当同时符合哪些条件？

答：根据《公民举报危害国家安全行为奖励办法》第8条的规定，获得举报奖励应当同时符合下列条件：（1）有明确的举报对象，或者具体的危害国家安全行为线索或者情况；（2）举报事项事先未被国家安全机关掌握，或者虽被国家安全机关有所掌握，但举报人提供的情况更为具体详实；（3）举报内容经国家安全机关查证属实，为防范、制止和惩治危害国家安全行为发挥了作用、作出了贡献。

3. 对公民举报危害国家安全行为，以发放奖金方式进行奖励的具体标准是什么？

答：根据《公民举报危害国家安全行为奖励办法》第12条的规定，以发放奖金方式进行奖励的，具体标准如下：（1）对防范、制止和惩治危害国家安全行为发挥一定作用、作出一定贡献的，给予人民币1万元以下奖励；（2）对防范、制止和惩治危害国家安全行为发挥重要作用、作出重要贡献的，给予人民币1万元至3万元奖励；（3）对防范、制止和惩治严重危害国家安全行为发挥重大作用、作出重大贡献的，给予人民币3万元至10万元奖励；（4）对防范、制止和惩治严重危害国家安全行为发挥特别重大作用、作出特别重大贡献的，给予人民币10万元以上奖励。

第二章　国家秘密的范围和密级

◆ 第十三条　国家秘密的基本范围

下列涉及国家安全和利益的事项,泄露后可能损害国家在政治、经济、国防、外交等领域的安全和利益的,应当确定为国家秘密:

(一)国家事务重大决策中的秘密事项;

(二)国防建设和武装力量活动中的秘密事项;

(三)外交和外事活动中的秘密事项以及对外承担保密义务的秘密事项;

(四)国民经济和社会发展中的秘密事项;

(五)科学技术中的秘密事项;

(六)维护国家安全活动和追查刑事犯罪中的秘密事项;

(七)经国家保密行政管理部门确定的其他秘密事项。

政党的秘密事项中符合前款规定的,属于国家秘密。

实用问答

哪些事项不得确定为国家秘密?

答: 根据《国家秘密定密管理暂行规定》第 19 条的规定,下列事项不得确定为国家秘密:(1)需要社会公众广泛知晓或者参与的;(2)属于工作秘密、商业秘密、个人隐私的;(3)已经依法公开或者无法控制知悉范围的;(4)法律、法规或者国家有关规定要求公开的。

奚某某诉中华人民共和国公安部案[①]

要旨 本案的焦点集中在追查刑事犯罪中形成的秘密事项的公开问题。根据《政府信息公开条例》第14条的规定,行政机关不得公开涉及国家秘密的政府信息。《保守国家秘密法》规定,"维护国家安全活动和追查刑事犯罪中的秘密事项"应当确定为国家秘密。本案中,一审法院认定原告申请公开的文件信息属于秘密事项,应当不予公开,符合前述法律规定。同时,公安机关具有行政机关和刑事司法机关的双重职能,其在履行刑事司法职能时制作的信息不属于《政府信息公开条例》第2条所规定的政府信息。本案二审法院在对公安机关的这两种职能进行区分的基础上,认定公安部作出不予公开答复并无不当,具有示范意义。

中国船舶重工集团应急预警与救援装备股份有限公司与上海瑞沃路桥设备有限公司、杭州专用汽车有限公司侵害发明专利权纠纷案[②]

要旨 本案系上海知识产权法院受理审结的首起涉国防专利案件。国防专利属于涉及国防利益以及对国防建设有潜在作用需要保

---

① 参见《最高人民法院2014年9月12日发布政府信息公开十大案例》,载最高人民法院官网2015年2月10日,https://www.court.gov.cn/zixun/xiangqing/13406.html。
② 参见上海知识产权法院(2019)沪73知民初350号民事判决书。

密的发明专利，其保护面临法律适用难点问题。国防专利的申请涉及保密工作，在解密前应依照《保守国家秘密法》和国家有关规定进行管理。对于《国防专利条例》未作规定的，均应适用《专利法》和《专利法实施细则》的有关规定。而本案涉及国防专利行政保护相关规定与司法保护相关规定之间如何衔接，以及国防专利授权后、解密公告日前，被诉侵权人未经许可实施国防专利的定性及法律适用等疑难复杂问题，具有参考和借鉴意义。

◆ **第十四条　密级**

国家秘密的密级分为绝密、机密、秘密三级。

绝密级国家秘密是最重要的国家秘密，泄露会使国家安全和利益遭受特别严重的损害；机密级国家秘密是重要的国家秘密，泄露会使国家安全和利益遭受严重的损害；秘密级国家秘密是一般的国家秘密，泄露会使国家安全和利益遭受损害。

名词解释

国家秘密的密级，是按照国家秘密事项与国家安全和利益的关联程度，以泄露后可能造成的损害程度为标准，对国家秘密作出的等级划分。

实用问答

在各级人民法院机关和直属单位，不同密级的国家秘密事项安全受到威胁，对单位问责的情形有哪些？

答：根据《人民法院保密工作问责暂行办法》第 9 条的规定，对单位问责的情形主要包括：（1）本单位发生个人违规行为，导致秘密级国家秘密事项安全受到威胁，与单位保密工作主体责任履行不到位直接相关的；本单位未按规定在内设机构成立保密工作小组达 3 个月以上，或者保密工作小组组成人员严重缺位达 6 个月以上，或者因非正常情况保密工作小组不能有效工作达 6 个月以上的，应当责令单位作出书面检查，并限期整改；(2) 本单位发生个人违规行为，导致机密级国家秘密事项安全受到威胁，与单位保密工作主体责任履行不到位直接相关的，应当责令单位整改，并在一定范围通报；(3) 本单位发生个人违规行为，导致绝密级国家秘密事项安全受到威胁，与单位保密工作主体责任履行不到位直接相关的，应当根据情况，以谈话或者书面方式对分管负责人和主要负责人进行诫勉。

何某某受贿、贪污、故意泄露国家秘密案[①]

要旨 被告人何某某身为国家工作人员，利用职务上的便利，为他人谋取利益，非法收受他人财物，数额巨大，其行为已构成受贿罪；利用职务之便，采取指使他人虚开发票虚报支出及虚报冒领的方式侵吞公共财物，数额较大，其行为已构成贪污罪；违反《保守国家秘密法》的规定，明知是保密工程文件资料，故意向他人泄露机密级国家秘密 2 件，情节严重，其行为已构成故意泄露国家秘密罪。公诉机关指控的罪名成立，对被告人何某某应给予刑事处罚。被告人何某某辩称不构成故意泄露国家秘密罪及辩护人提出被告人犯故意泄露国家秘密罪的事实不清、证据不足的辩护理由不能成立，法院不予采纳。

---

① 参见绥宁县人民法院（2019）湘 0527 刑初 140 号刑事判决书。

◆ 第十五条　保密事项范围

国家秘密及其密级的具体范围（以下简称保密事项范围），由国家保密行政管理部门单独或者会同有关中央国家机关规定。

军事方面的保密事项范围，由中央军事委员会规定。

保密事项范围的确定应当遵循必要、合理原则，科学论证评估，并根据情况变化及时调整。保密事项范围的规定应当在有关范围内公布。

实用问答

1. 保密事项范围由哪些部门负责起草？

答：根据《保密事项范围制定、修订和使用办法》第 12 条的规定，保密事项范围由主管相关行业、领域工作的中央有关机关负责起草；涉及多个部门或者行业、领域的，由承担主要职能的中央有关机关牵头负责起草；不得委托社会中介机构及其他社会组织或者个人起草。国家保密行政管理部门、中央有关机关应当定期对起草工作进行研究会商。

2. 国家保密行政管理部门对保密事项范围送审稿如何审核？

答：根据《保密事项范围制定、修订和使用办法》第 15、16 条的规定，国家保密行政管理部门对保密事项范围送审稿应当从以下方面进行审核：（1）形式是否符合该办法的规定；（2）所列事项是否符合《保守国家秘密法》关于国家秘密的规定；（3）所列事项是否涵盖所在行业、领域国家秘密；（4）所列事项是否属于法律法规要求公开或者其他不得确定为国家秘密的事项；（5）所列事项表述是否准确、规范并具有可操作性；（6）是否与其他保密事项范围协调、衔接；（7）其他需要审核的内容。国家保密行政管理部门可以组织有关专家对保密事项范围送审稿进行评议,听取意见。

国家保密行政管理部门审核认为保密事项范围送审稿需要作出修改的,应当与中央有关机关会商议定;需要进一步征求意见的,应当征求有关机关、单位意见;无需修改的,应当会同中央有关机关形成保密事项范围草案和草案说明,并启动会签程序。

3. 保密事项范围印发时的注意事项有哪些?

答:根据《保密事项范围制定、修订和使用办法》第17、18条的规定,保密事项范围应当由国家保密行政管理部门、中央有关机关主要负责人共同签署批准。保密事项范围使用中央有关机关的发文字号印发。印发时,应当严格控制发放范围,并注明能否转发以及转发范围。

4. 哪些情形下,中央有关机关应当会同国家保密行政管理部门对保密事项范围作出书面解释?

答:根据《保密事项范围制定、修订和使用办法》第26、27条的规定,有下列情形的,中央有关机关应当会同国家保密行政管理部门对保密事项范围作出书面解释:(1)目录内容需要明确具体含义的;(2)有关事项在目录中没有规定但符合正文规定情形,需要明确适用条件、适用范围的;(3)不同保密事项范围对同类事项规定不一致的;(4)其他需要作出解释的情形。保密事项范围的解释和保密事项范围具有同等效力。

机关、单位认为保密事项范围存在上述情形的,可以建议保密事项范围制定机关作出解释。

◆ 第十六条　定密责任人

机关、单位主要负责人及其指定的人员为定密责任人，负责本机关、本单位的国家秘密确定、变更和解除工作。

机关、单位确定、变更和解除本机关、本单位的国家秘密，应当由承办人提出具体意见，经定密责任人审核批准。

名词解释

定密，是指国家机关和涉及国家秘密的单位依法确定、变更和解除国家秘密的活动。

实用问答

1. 定密责任人的具体职责是什么？

答：根据《保守国家秘密法实施条例》第 10 条的规定，定密责任人在职责范围内承担有关国家秘密确定、变更和解除工作。具体职责是：（1）审核批准本机关、本单位产生的国家秘密的密级、保密期限和知悉范围；（2）对本机关、本单位产生的尚在保密期限内的国家秘密进行审核，作出是否变更或者解除的决定；（3）对是否属于国家秘密和属于何种密级不明确的事项先行拟定密级，并按照规定的程序报保密行政管理部门确定。

2. 机关、单位定密的原则是什么？

答：根据《国家秘密定密管理暂行规定》第 4 条的规定，机关、单位定密应当坚持最小化、精准化原则，做到权责明确、依据充分、程序规范、及时准确，既确保国家秘密安全，又便利信息资源合理利用。

3. 机关、单位负责人发现其指定的定密责任人未依法履行定密职责的，应如何处理？

答：根据《国家秘密定密管理暂行规定》第 17 条的规定，机关、单位负责人发现其指定的定密责任人未依法履行定密职责的，应当及时纠正；有下列情形之一的，应当作出调整：（1）定密不当，情节严重的；（2）因离岗离职无法继续履行定密职责的；（3）保密行政管理部门建议调整的；（4）因其他原因不宜从事定密工作的。

幸某某诉成都市国家保密局政府信息公开案[①]

要旨 本案中，原告幸某某要求公开事项是否属于国家秘密及密级的确定由产生该事项的机关、单位负责，被告不是原告要求信息公开的责任主体，无权要求其他机关、单位公开其业务范围内的事项。幸某某作为公民个人向被告提起申请公开的事项依法不属于被告成都市国家保密局公开的内容，针对原告的申请事项，被告依法分别情况已经履行告知义务。根据相关规定，对于依法属于不予公开范围或者不属于被告公开的事项，被告已经履行法定告知或者说明理由义务的，人民法院应当判决驳回原告的诉讼请求。

[①] 参见成都高新技术产业开发区人民法院（2014）高新行初字第 24 号行政判决书。

◆ 第十七条 定密权限

确定国家秘密的密级，应当遵守定密权限。

中央国家机关、省级机关及其授权的机关、单位可以确定绝密级、机密级和秘密级国家秘密；设区的市级机关及其授权的机关、单位可以确定机密级和秘密级国家秘密；特殊情况下无法按照上述规定授权定密的，国家保密行政管理部门或者省、自治区、直辖市保密行政管理部门可以授予机关、单位定密权限。具体的定密权限、授权范围由国家保密行政管理部门规定。

下级机关、单位认为本机关、本单位产生的有关定密事项属于上级机关、单位的定密权限，应当先行采取保密措施，并立即报请上级机关、单位确定；没有上级机关、单位的，应当立即提请有相应定密权限的业务主管部门或者保密行政管理部门确定。

公安机关、国家安全机关在其工作范围内按照规定的权限确定国家秘密的密级。

实用问答

1. 哪些机关依法具有定密权？有什么样的定密权？

答：根据《国家秘密定密管理暂行规定》第7条的规定，中央国家机关可以在主管业务工作范围内作出授予绝密级、机密级和秘密级国家秘密定密权的决定。省级机关可以在主管业务工作范围内或者本行政区域内作出授予绝密级、机密级和秘密级国家秘密定密权的决定。设区的市、自治州一级的机关可以在主管业务工作范围内或者本行政区域内作出授予机密级和秘密级国家秘密定密权的决定。定密授权不得超出授权机关的定密权限。被授权机关、单位不得再行授权。

2. 授权机关收到定密授权申请后应如何处理？

答：根据《国家秘密定密管理暂行规定》第10条的规定，授权机关收到定密授权申请后，应当依照保密法律法规和国家秘密及其密级的具体范围进行审查。对符合授权条件的，应当作出定密授权决定；对不符合授权条件的，应当作出不予授权的决定。定密授权决定应当以书面形式作出，明确被授权机关、单位的名称和具体定密权限、事项范围、授权期限。

3. "中央国家机关"主要包括哪些？

答：根据《国家秘密定密管理暂行规定》第44条第1项及相关政策规定，"中央国家机关"包括中国共产党中央机关及部门、各民主党派中央机关、全国人大机关、全国政协机关、国家监察委员会机关、最高人民法院、最高人民检察院、国务院及其组成部门、直属特设机构、直属机构、办事机构、直属事业单位、部委管理的国家局，以及中央机构编制管理部门直接管理机构编制的群众团体机关。

4. "省级机关"主要包括哪些？

答：根据《国家秘密定密管理暂行规定》第44条第2项及相关政策规定，"省级机关"包括省（自治区、直辖市）党委、人大、政府、政协、纪检监察机关，以及人民法院、人民检察院。

5. "设区的市级机关"主要包括哪些？

答：根据《国家秘密定密管理暂行规定》第44条第3项及相关政策规定，"设区的市级机关"包括地（市、州、盟、区）党委、人大、政府、政协、纪检监察机关，以及人民法院、人民检察院，省（自治区、直辖市）直属机关和人民团体，中央国家机关设在省（自治区、直辖市）的直属机构，省（自治区、直辖市）在地区、盟设立的派出机构。

> ◆ **第十八条 派生定密**
>
> 机关、单位执行上级确定的国家秘密事项或者办理其他机关、单位确定的国家秘密事项,需要派生定密的,应当根据所执行、办理的国家秘密事项的密级确定。

名词解释

派生定密,是指机关、单位对执行或者办理已定密事项所产生的国家秘密,依法确定、变更和解除的活动。

实用问答

1. 机关、单位因执行或者办理已定密事项而产生的事项,应当确定为国家秘密的情形有哪些?

答:根据《派生国家秘密定密管理暂行办法》第 7 条的规定,机关、单位因执行或者办理已定密事项而产生的事项,符合下列情形之一的,应当确定为国家秘密:(1)与已定密事项完全一致的;(2)涉及已定密事项密点的;(3)是对已定密事项进行概括总结、编辑整合、具体细化的;(4)原定密机关、单位对使用已定密事项有明确定密要求的。

2. 派生国家秘密的确定应当履行什么程序?

答:根据《派生国家秘密定密管理暂行办法》第 11 条的规定,派生国家秘密的确定应当按照国家秘密确定的法定程序进行。承办人依据已定密事项或者密点,拟定密级、保密期限和知悉范围,报定密责任人审核。定密责任人对承办人意见进行审核,作出决定。派生定密应当作出书面记录,注明承办人、定密责任人和定密依据。定密依据应当写明依据的文件名称、文号、密级、保密期限等。

3. 派生国家秘密的保密期限如何确定？

答：根据《派生国家秘密定密管理暂行办法》第 9 条的规定，派生国家秘密的保密期限应当按照已定密事项的保密期限确定，或者与所涉及密点的最长保密期限保持一致。已定密事项未明确保密期限的，可以征求原定密机关、单位意见后确定并作出标注，或者按照《保守国家秘密法》规定的最长保密期限执行。

4. 派生国家秘密的知悉范围如何确定？

答：根据《派生国家秘密定密管理暂行办法》第 10 条的规定，派生国家秘密的知悉范围，应当根据工作需要确定，经本机关、本单位负责人批准。能够限定到具体人员的，限定到具体人员。原定密机关、单位有明确规定的，应当遵守其规定。

5. 机关、单位发现定密责任人和承办人定密不当，应当进行处分的情形有哪些？

答：根据《派生国家秘密定密管理暂行办法》第 21 条的规定，机关、单位发现定密责任人和承办人定密不当，有下列情形之一的，应当及时纠正并进行批评教育；造成严重后果的，依规依纪依法给予处分：（1）派生事项应当确定国家秘密而未确定的；（2）派生事项不应当确定国家秘密而确定的；（3）未按照法定程序派生定密的；（4）未按规定标注派生国家秘密标志的；（5）未按规定变更派生国家秘密的密级、保密期限、知悉范围的；（6）派生国家秘密不应当解除而解除的；（7）派生国家秘密应当解除而未解除的；（8）违反该办法的其他情形。

◆ **第十九条 机关、单位的定密职责**

机关、单位对所产生的国家秘密事项，应当按照保密事项范围的规定确定密级，同时确定保密期限和知悉范围；有条件的可以标注密点。

名词解释

密点，即保密要点，是指决定一个事项具备国家秘密本质属性的关键内容。

◆ **第二十条 保密期限**

国家秘密的保密期限，应当根据事项的性质和特点，按照维护国家安全和利益的需要，限定在必要的期限内；不能确定期限的，应当确定解密的条件。

国家秘密的保密期限，除另有规定外，绝密级不超过三十年，机密级不超过二十年，秘密级不超过十年。

机关、单位应当根据工作需要，确定具体的保密期限、解密时间或者解密条件。

机关、单位对在决定和处理有关事项工作过程中确定需要保密的事项，根据工作需要决定公开的，正式公布时即视为解密。

实用问答

国家秘密的保密期限如何计算？

答：根据《保守国家秘密法实施条例》第13条第2款的规定，国家秘密的保密期限，自标明的制发日起计算；不能标明制发日的，确定该国家秘密的机关、单位应当书面通知知悉范围内的机关、单位和人员,保密期限自通知之日起计算。

◆ **第二十一条　知悉范围**

国家秘密的知悉范围,应当根据工作需要限定在最小范围。

国家秘密的知悉范围能够限定到具体人员的,限定到具体人员;不能限定到具体人员的,限定到机关、单位,由该机关、单位限定到具体人员。

国家秘密的知悉范围以外的人员,因工作需要知悉国家秘密的,应当经过机关、单位主要负责人或者其指定的人员批准。原定密机关、单位对扩大国家秘密的知悉范围有明确规定的,应当遵守其规定。

实用问答

1. 国家秘密的知悉范围应如何标明?

答:根据《国家秘密定密管理暂行规定》第23条的规定,国家秘密的知悉范围应当在国家秘密载体上标明。不能标明的,应当书面通知知悉范围内的机关、单位或者人员。

2. 扩大国家秘密的知悉范围有何具体要求?

答:根据《国家秘密定密管理暂行规定》第28条的规定,国家秘密知悉范围内的机关、单位,其有关工作人员不在知悉范围内,但因工作需要知悉国家秘密的,应当经机关、单位负责人批准。国家秘密知悉范围以外的机关、单位及其人员,因工作需要知悉国家秘密的,应当经原定密机关、单位同意。原定密机关、单位对扩大知悉范围有明确规定的,应当遵守其规定。扩大国家秘密知悉范围应当作出详细记录。

孙某、伍某某故意泄露国家秘密案[1]

要旨 故意泄露国家秘密罪，是指国家机关工作人员或者非国家机关工作人员违反《保守国家秘密法》，故意使国家秘密被不应知悉者知悉，或者故意使国家秘密超出了限定的接触范围等情节严重的行为。该罪的犯罪主体主要是国家机关工作人员；主观方面只能是故意；客观方面表现为违反包括《保守国家秘密法》的规定，泄露国家秘密，情节严重的行为；侵犯的客体是国家的保密制度。由此，国家工作人员违反《保守国家秘密法》的规定，故意泄露国家秘密，情节特别严重的，其行为已构成故意泄露国家秘密罪。根据《刑法》第 398 条之规定，犯故意泄露国家秘密罪的，处 3 年以下有期徒刑或者拘役；情节特别严重的，处 3 年以上 7 年以下有期徒刑。

◆ **第二十二条　国家秘密标志**

机关、单位对承载国家秘密的纸介质、光介质、电磁介质等载体（以下简称国家秘密载体）以及属于国家秘密的设备、产品，应当作出国家秘密标志。

涉及国家秘密的电子文件应当按照国家有关规定作出国家秘密标志。

不属于国家秘密的，不得作出国家秘密标志。

---

[1] 参见《最高人民检察院公报》2012 年第 3 期。

实用问答

1. 国家秘密标志形式有哪些？如何标注国家秘密标志？

答：根据《国家秘密定密管理暂行规定》第 24 条第 1~3 款的规定，国家秘密一经确定，应当同时在国家秘密载体上作出国家秘密标志。国家秘密标志形式为"密级★保密期限"、"密级★解密时间"或者"密级★解密条件"。在纸介质和电子文件国家秘密载体上作出国家秘密标志的，应当符合有关国家标准。没有国家标准的，应当标注在封面左上角或者标题下方的显著位置。光介质、电磁介质等国家秘密载体和属于国家秘密的设备、产品的国家秘密标志，应当标注在壳体及封面、外包装的显著位置。国家秘密标志应当与载体不可分离，明显并易于识别。

2. 未标明保密期限或者解密条件，且未作书面通知的国家秘密事项，其保密期限如何执行？

答：根据《国家秘密定密管理暂行规定》第 24 条第 4 款的规定，无法作出或者不宜作出国家秘密标志的，确定该国家秘密的机关、单位应当书面通知知悉范围内的机关、单位或者人员。凡未标明保密期限或者解密条件，且未作书面通知的国家秘密事项，其保密期限按照绝密级事项 30 年、机密级事项 20 年、秘密级事项 10 年执行。

◆ **第二十三条　密级、保密期限和知悉范围的变更**

国家秘密的密级、保密期限和知悉范围，应当根据情况变化及时变更。国家秘密的密级、保密期限和知悉范围的变更，由原定密机关、单位决定，也可以由其上级机关决定。

国家秘密的密级、保密期限和知悉范围变更的，应当及时书面通知知悉范围内的机关、单位或者人员。

📄 **实用问答**

机关、单位应当对所确定国家秘密事项的密级、保密期限或者知悉范围及时作出变更的情形有哪些？

答：根据《国家秘密定密管理暂行规定》第 26 条的规定，有下列情形之一的，机关、单位应当对所确定国家秘密事项的密级、保密期限或者知悉范围及时作出变更：（1）定密时所依据的法律法规或者保密事项范围发生变化的；（2）泄露后对国家安全和利益的损害程度发生明显变化的。必要时，上级机关、单位或者业务主管部门可以直接变更下级机关、单位确定的国家秘密事项的密级、保密期限或者知悉范围。

◆ **第二十四条　审核与解密**

机关、单位应当<u>每年审核</u>所确定的国家秘密。

国家秘密的保密期限已满的，<u>自行解密</u>。在保密期限内因保密事项范围调整不再作为国家秘密，或者公开后不会损害国家安全和利益，<u>不需要继续保密的</u>，<u>应当及时解密</u>；需要延长保密期限的，<u>应当在原保密期限届满前重新确定密级、保密期限和知悉范围</u>。提前解密或者延长保密期限的，由原定密机关、单位决定，也可以由其上级机关决定。

📄 **实用问答**

1. 机关、单位对所确定的国家秘密如何审核？

答：根据《国家秘密解密暂行办法》第 4 条的规定，机关、单位应当定期审核所确定的国家秘密，建立保密期限届满提醒制度，对所确定的国家秘密，在保密期限届满前，及时做好解密审核工作。机关、单位应当建立健全与档案管理、信息公开相结合的解密审核工作机制，明确定密责任人职责和工作要求，做到对所确定的国家秘密保密期限届满前必审核、信息公开前必审核、移交各级国家档案馆前必审核。

2. 国家秘密的保密期限尚未届满、解密时间尚未到达或者解密条件尚未达成，但经审核认为应当及时解密的情形有哪些？

答：根据《国家秘密解密暂行办法》第12条的规定，国家秘密的保密期限尚未届满、解密时间尚未到达或者解密条件尚未达成，经审核认为符合下列情形之一的，应当及时解密：（1）保密法律法规或者保密事项范围调整后，有关事项不再属于国家秘密的；（2）定密时的形势、条件发生变化，有关事项公开后不会损害国家安全和利益、不需要继续保密的；或者根据现行法律、法规和国家有关规定，有关事项应予公开、需要社会公众广泛知晓或者参与的。符合上述情形国家秘密的解密时间为该事项公开之日或者解密通知注明之日。

3. 延长保密期限如何报批？

答：根据《国家秘密定密管理暂行规定》第27条的规定，机关、单位认为需要延长所确定国家秘密事项保密期限的，应当在保密期限届满前作出决定；延长保密期限使累计保密期限超过保密事项范围规定的，应当报规定该保密事项范围的中央有关机关批准，中央有关机关应当在接到报告后30日内作出决定。

◆ **第二十五条　不明确、有争议事项的确定**

机关、单位对是否属于国家秘密或者属于何种密级不明确或者有争议的，由国家保密行政管理部门或者省、自治区、直辖市保密行政管理部门按照国家保密规定确定。

实用问答

1. 机关、单位对保密事项范围没有规定的不明确事项，应当如何处理？

答：根据《保守国家秘密法实施条例》第 19 条的规定，机关、单位对符合《保守国家秘密法》的规定，但保密事项范围没有规定的不明确事项，应当先行拟定密级、保密期限和知悉范围，采取相应的保密措施，并自拟定之日起 10 日内报有关部门确定。拟定为绝密级的事项和中央国家机关拟定的机密级、秘密级的事项，报国家保密行政管理部门确定；其他机关、单位拟定的机密级、秘密级的事项，报省、自治区、直辖市保密行政管理部门确定。保密行政管理部门接到报告后，应当在 10 日内作出决定。省、自治区、直辖市保密行政管理部门还应当将所作决定及时报国家保密行政管理部门备案。

2. 机关、单位对已定密事项是否属于国家秘密或者属于何种密级有不同意见的，应当如何处理？

答：根据《保守国家秘密法实施条例》第 20 条的规定，机关、单位对已定密事项是否属于国家秘密或者属于何种密级有不同意见的，可以向原定密机关、单位提出异议，由原定密机关、单位作出决定。机关、单位对原定密机关、单位未予处理或者对作出的决定仍有异议的，按照下列规定办理：（1）确定为绝密级的事项和中央国家机关确定的机密级、秘密级的事项，报国家保密行政管理部门确定。（2）其他机关、单位确定的机密级、秘密级的事项，报省、自治区、直辖市保密行政管理部门确定；对省、自治区、直辖市保密行政管理部门作出的决定有异议的，可以报国家保密行政管理部门确定。在原定密机关、单位或者保密行政管理部门作出决定前，对有关事项应当按照主张密级中的最高密级采取相应的保密措施。

第三章 保密制度

◆ 第二十六条 国家秘密载体保密管理

国家秘密载体的制作、收发、传递、使用、复制、保存、维修和销毁，应当符合国家保密规定。

绝密级国家秘密载体应当在符合国家保密标准的设施、设备中保存，并指定专人管理；未经原定密机关、单位或者其上级机关批准，不得复制和摘抄；收发、传递和外出携带，应当指定人员负责，并采取必要的安全措施。

名词解释

国家秘密载体，是指以文字、数据、符号、图形、图像、视频和音频等方式记载国家秘密信息的纸介质、光介质、磁介质、半导体介质等各类物品。

实用问答

1. 国家秘密载体管理应当遵守哪些规定？

答：根据《保守国家秘密法实施条例》第21条的规定，国家秘密载体管理应当遵守下列规定：（1）制作国家秘密载体，应当由机关、单位或者经保密行政管理部门保密审查合格的单位承担，制作场所应当符合保密要求。（2）收发国家秘密载体，应当履行清点、编号、登记、签收手续。（3）传递国家秘密载体，应当通过机要交通、机要通信或者其他符合保密要求的方式进行。（4）复制国家秘密载体或者摘录、引用、汇编属于国家秘密的内容，应当按照规定报批，不得擅自改变原件的密级、保密期限和知悉范围，复制件应当加盖复制机关、单位戳记，并视同原件进行管理。（5）保存国家秘密载体的场所、设施、设备，应当符合国家保密要求。（6）维修国家秘密载体，应当由本机关、本单位专门技术人员负责。确需外单位人员维修的，应当由本机关、本单位的人员现场监督；确需在本机关、本单位以外维修的，应当符合国家保密规定。（7）携带国家秘密载体外出，应当符合国家保密规定，并采取可靠的保密措施；携带国家秘密载体出境的，应当按照国家保密规定办理批准和携带手续。

2. 国家秘密载体的制作有哪些具体要求？

答：根据《中共中央保密委员会办公室、国家保密局关于国家秘密载体保密管理的规定》第 7~10 条的规定，制作秘密载体，应当依照有关规定标明密级和保密期限，注明发放范围及制作数量，绝密级、机密级的应当编排顺序号。纸介质秘密载体应当在本机关、单位内部文印室或保密工作部门审查批准的定点单位印制。磁介质、光盘等秘密载体应当在本机关、单位内或保密工作部门审查批准的单位制作。制作秘密载体过程中形成的不需归档的材料，应当及时销毁。制作秘密载体的场所应当符合保密要求。使用电子设备的应当采取防电磁泄漏的保密措施。

3. 传递绝密级秘密载体，应当如何办理？

答：根据《中共中央保密委员会办公室、国家保密局关于国家秘密载体保密管理的规定》第 15 条的规定，传递绝密级秘密载体，必须按下列规定办理：（1）送往外地的绝密级秘密载体，通过机要交通、机要通信递送。中央部级以上，省（自治区、直辖市）、计划单列市厅级以上和解放军驻直辖市、省会（首府）、计划单列市的军级上单位及经批准地区的要害部门相互来往的绝密级秘密载体，由机要交通传递。不属于以上范围的绝密级秘密载体由机要通信传递。(2) 在本地传递绝密级秘密载体，由发件或收件单位派专人直接传递。(3) 传递绝密级秘密载体，实行 2 人护送制。

4. 阅读和使用秘密载体应当遵守哪些规定？

答：根据《中共中央保密委员会办公室、国家保密局关于国家秘密载体保密管理的规定》第 19 条规定，阅读和使用秘密载体应当在符合保密要求的办公场所进行；确需在办公场所以外阅读和使用秘密载体的，应当遵守有关保密规定。阅读和使用绝密级秘密载体必须在指定的符合保密要求的办公场所进行。

5. 销毁国家秘密载体有哪些注意事项？

答：根据《保守国家秘密法实施条例》第 22 条的规定，销毁国家秘密载体应当符合国家保密规定和标准，确保销毁的国家秘密信息无法还原。销毁国家秘密载体应当履行清点、登记、审批手续，并送交保密行政管理部门设立的销毁工作机构或者保密行政管理部门指定的单位销毁。机关、单位确因工作需要，自行销毁少量国家秘密载体的，应当使用符合国家保密标准的销毁设备和方法。

◆ **第二十七条　密品管理**

属于国家秘密的设备、产品的研制、生产、运输、使用、保存、维修和销毁，应当符合国家保密规定。

📝 **名词解释**

属于国家秘密的设备、产品，是指直接含有国家秘密信息，或者通过观察、测试、分析等手段能够获取所承载的国家秘密信息的设备和产品，简称密品。

◆ **第二十八条　国家秘密载体管理禁止性规定**

机关、单位应当加强对国家秘密载体的管理，任何组织和个人不得有下列行为：

（一）非法获取、持有国家秘密载体；

（二）买卖、转送或者私自销毁国家秘密载体；

（三）通过普通邮政、快递等无保密措施的渠道传递国家秘密载体；

（四）寄递、托运国家秘密载体出境；

（五）未经有关主管部门批准，携带、传递国家秘密载体出境；

（六）其他违反国家秘密载体保密规定的行为。

📝 **名词解释**

非法获取国家秘密载体，是指以窃取、骗取、抢夺、购买等非法途径和手段获取国家秘密载体的行为。

非法持有国家秘密载体，是指无权接触、使用或者保存国家秘密载体的个人或者组织，未经批准或者许可而非法占有、使用或者私藏国家秘密载体的行为。

◆ 第二十九条　国家秘密信息管理禁止性规定

禁止非法复制、记录、存储国家秘密。

禁止未按照国家保密规定和标准采取有效保密措施，在互联网及其他公共信息网络或者有线和无线通信中传递国家秘密。

禁止在私人交往和通信中涉及国家秘密。

实用问答

医师资格考试命审题人员有非法复制、记录、存储国家秘密行为的，应当如何处罚？

答：根据《医师资格考试违纪违规处理规定》第12条的规定，医师资格考试命审题人员有非法复制、记录、存储国家秘密行为的，国家医学考试中心或者中医师资格认证中心应当停止其参加命审题工作，视情节轻重作出或者建议其所在单位给予相应处分，并调离命审题工作岗位。

◆ 第三十条　涉密信息系统的管理

存储、处理国家秘密的计算机信息系统（以下简称涉密信息系统）按照涉密程度实行分级保护。

涉密信息系统应当按照国家保密规定和标准规划、建设、运行、维护，并配备保密设施、设备。保密设施、设备应当与涉密信息系统同步规划、同步建设、同步运行。

涉密信息系统应当按照规定，经检查合格后，方可投入使用，并定期开展风险评估。

名词解释

涉密信息系统，是指由计算机及其相关配套设施、设备构成的，按照一定应用目标和规则生产、存储、处理、传输、使用国家秘密的系统或者网络。

涉密程度，是指涉密信息系统的密级，是确定系统安全保密防护级别的依据。

分级保护，是指涉密信息系统的建设使用单位依据分级保护管理办法和国家保密标准，对不同级别的涉密信息系统采取相应的安全保密防护措施。

实用问答

1. 涉密信息系统如何分级？

答：根据《保守国家秘密法实施条例》第 23 条的规定，涉密信息系统按照涉密程度分为绝密级、机密级、秘密级。机关、单位应当根据涉密信息系统存储、处理信息的最高密级确定系统的密级，按照分级保护要求采取相应的安全保密防护措施。

2. 涉密信息系统的投入使用有哪些要求？

答：根据《保守国家秘密法实施条例》第 24 条的规定，涉密信息系统应当由国家保密行政管理部门设立或者授权的保密测评机构进行检测评估，并经设区的市、自治州级以上保密行政管理部门审查合格，方可投入使用。公安、国家安全机关的涉密信息系统投入使用的管理办法，由国家保密行政管理部门会同国务院公安、国家安全部门另行规定。

3. 如何加强涉密信息系统的运行使用管理？

答：根据《保守国家秘密法实施条例》第 25 条的规定，机关、单位应当加强涉密信息系统的运行使用管理，指定专门机构或者人员负责运行维护、安全保密管理和安全审计，定期开展安全保密检查和风险评估。涉密信息系统的密级、主要业务应用、使用范围和使用环境等发生变化或者涉密信息系统不再使用的，应当按照国家保密规定及时向保密行政管理部门报告，并采取相应措施。

◆ **第三十一条　信息系统、信息设备管理禁止性规定**

机关、单位应当加强对信息系统、信息设备的保密管理，建设保密自监管设施，及时发现并处置安全保密风险隐患。任何组织和个人不得有下列行为：

（一）未按照国家保密规定和标准采取有效保密措施，将涉密信息系统、涉密信息设备接入互联网及其他公共信息网络；

（二）未按照国家保密规定和标准采取有效保密措施，在涉密信息系统、涉密信息设备与互联网及其他公共信息网络之间进行信息交换；

（三）使用非涉密信息系统、非涉密信息设备存储或者处理国家秘密；

（四）擅自卸载、修改涉密信息系统的安全技术程序、管理程序；

（五）将未经安全技术处理的退出使用的涉密信息设备赠送、出售、丢弃或者改作其他用途；

（六）其他违反信息系统、信息设备保密规定的行为。

📝 **名词解释**

信息设备，是指计算机及存储介质、打印机、传真机、复印机、扫描仪、照相机、摄像机等具有信息存储、传输和处理功能的设备。

安全技术程序、管理程序，是指为确保涉密信息系统的运行安全、信息安全而安装在涉密信息系统中，对系统进行安全保密防护的应用程序。

安全技术处理，是指为保证涉密信息安全，对退出使用的涉密信息设备所采取的符合国家保密标准要求的技术处理措施，包括对涉密信息设备进行销毁或者信息消除等。

◆ **第三十二条　安全保密产品、保密技术装备的管理**

用于保护国家秘密的安全保密产品和保密技术装备应当符合国家保密规定和标准。

国家建立安全保密产品和保密技术装备抽检、复检制度，由国家保密行政管理部门设立或者授权的机构进行检测。

名词解释

安全保密产品，是指党政机关和涉及国家秘密的单位用于保护涉密信息系统、国家秘密信息、国家秘密载体、涉密场所、涉密会议活动安全所使用的软硬件产品和设施设备。

保密技术装备，是指各级保密行政管理部门及其设立或授权的机构依法履行保密检查、案件核查、技术监测、检测评估、技术服务等职能所使用，具有特定安全保密功能且经规定程序确定的软硬件产品和设施设备。

实用问答

保密技术装备检测结果的认可方式是如何调整的？调整后国家保密局印发的装备名录是否继续有效？

答： 根据《国家保密科技测评中心关于变更保密技术装备检测

结果认可方式的公告》的规定,保密技术装备检测结果认可方式由名录制调整为证书制,通过检测的装备由国家保密科技测评中心颁发涉密信息系统产品检测证书(有效期3年),国家保密局不再印发装备名录。自2024年1月18日起,国家保密局之前印发的装备名录不再有效,相关装备信息可通过"国家保密科技测评"微信小程序查询。

◆ **第三十三条 出版媒体及网络信息的管理**

报刊、图书、音像制品、电子出版物的编辑、出版、印制、发行,广播节目、电视节目、电影的制作和播放,网络信息的制作、复制、发布、传播,应当遵守<u>国家保密规定</u>。

典型案例

高某某与天津市滨海新区规划和国土资源管理局行政纠纷案[①]

要旨 法院经不公开审理查明,涉案《标明拟建项目用地范围的现势地形图》中明确表示了国防军事设施、通讯设施、电力设施及公路路面铺设材料属性,原告对此亦无异议,认同上述内容属于不能公开的内容。故被告关于涉案《标明拟建项目用地范围的现势地形图》涉及不能公开内容的主张成立。由于该图纸中标有多处"通讯""微波""水泥"等字样,分别对应通讯设施、国防军事设施及公路路面材料之

---

① 参见天津市滨海新区人民法院(2014)滨行初字第0121号行政判决书。

属性，均系不得公开的内容，且上述内容与其他内容交织在一起，不能通过简单的技术处理进行屏蔽以达到消弭危害国家安全、公共安全的可能，只能通过重新制作的方式方可实现目的。故被告在此情况下，依据相关规定，告知申请人上述政府信息涉及国家秘密，公开后可能危及国家安全、公共安全、经济安全、社会稳定，并对该项政府信息不予公开，并无不当。

◆ **第三十四条　网络运营者信息管理和配合义务**

> 网络运营者应当加强对其用户发布的信息的管理，配合监察机关、保密行政管理部门、公安机关、国家安全机关对涉嫌泄露国家秘密案件进行调查处理；发现利用互联网及其他公共信息网络发布的信息涉嫌泄露国家秘密的，应当立即停止传输该信息，保存有关记录，向保密行政管理部门或者公安机关、国家安全机关报告；应当根据保密行政管理部门或者公安机关、国家安全机关的要求，删除涉及泄露国家秘密的信息，并对有关设备进行技术处理。

名词解释

网络运营者，是指网络的所有者、管理者和网络服务提供者。

实用问答

1. 在发生危害网络安全的事件时，网络运营者应如何处置？

答：根据《网络安全法》第 25 条的规定，网络运营者应当制定网络安全事件应急预案，及时处置系统漏洞、计算机病毒、网络攻击、网络侵入等安全风险；在发生危害网络安全的事件时，立即启动应急预案，采取相应的补救措施，并按照规定向有关主管部门报告。

2. 国家和有关行业组织在加强网络安全保护方面应如何做？

答：根据《网络安全法》第29条的规定，国家支持网络运营者之间在网络安全信息收集、分析、通报和应急处置等方面进行合作，提高网络运营者的安全保障能力。有关行业组织建立健全本行业的网络安全保护规范和协作机制，加强对网络安全风险的分析评估，定期向会员进行风险警示，支持、协助会员应对网络安全风险。

3. 国家网信部门和有关部门如何履行网络信息安全监督管理职责？

答：根据《网络安全法》第50条的规定，国家网信部门和有关部门依法履行网络信息安全监督管理职责，发现法律、行政法规禁止发布或者传输的信息的，应当要求网络运营者停止传输，采取消除等处置措施，保存有关记录；对来源于中华人民共和国境外的上述信息，应当通知有关机构采取技术措施和其他必要措施阻断传播。

4. 网络运营者未按照国家网络安全等级保护制度要求使用商用密码保护网络安全的，应当如何处罚？

答：根据《商用密码管理条例》第62条的规定，网络运营者违反该条例第41条规定，未按照国家网络安全等级保护制度要求使用商用密码保护网络安全的，由密码管理部门责令改正，给予警告；拒不改正或者导致危害网络安全等后果的，处1万元以上10万元以下罚款，对直接负责的主管人员处5000元以上5万元以下罚款。

◆ **第三十五条　信息公开保密审查**

机关、单位应当依法对拟公开的信息进行保密审查，遵守国家保密规定。

实用问答

1. 安全生产监管监察部门如何建立健全信息发布保密审查制度?

答:根据《安全生产监管监察部门信息公开办法》第 24 条的规定,安全生产监管监察部门应当建立健全信息发布保密审查制度,明确保密审查的人员、方法、程序和责任。安全生产监管监察部门在公开信息前,应当依照《保守国家秘密法》《安全生产工作国家秘密范围的规定》等法律、行政法规和有关保密制度,对拟公开的信息进行保密审查。安全生产监管监察部门在保密审查过程中不能确定是否涉及国家秘密的,应当说明信息来源和本部门的保密审查意见,报上级安全生产监管监察部门或者本级保密行政管理部门确定。

2. 高等学校如何建立健全信息发布保密审查机制?

答:根据《高等学校信息公开办法》第 5 条的规定,高等学校应当建立健全信息发布保密审查机制,明确审查的程序和责任。高等学校公开信息前,应当依照法律法规和国家其他有关规定对拟公开的信息进行保密审查。有关信息依照国家有关规定或者根据实际情况需要审批的,高等学校应当按照规定程序履行审批手续,未经批准不得公开。

3. 工业和信息化部如何对拟公开的信息进行保密审查?

答:根据《工业和信息化部政府信息公开工作办法》第 9 条的规定,部机关各司局在公开政府信息前,应当依照《保守国家秘密法》以及其他法律、法规和有关规定,对拟公开的信息进行保密审查。部机关各司局对拟公开的政府信息不能确定是否可以公开时,应当报有关主管部门或部保密工作部门确定。部政务公开领导小组办公室对部机关各司局公开政府信息前的保密审查情况进行程序性审查。

4. 生态环境部如何严格落实政府信息公开的审查程序和责任？

答：根据《生态环境部政府信息公开实施办法》第 12 条的规定，机关各部门应当按照"谁公开、谁负责"的原则，严格落实政府信息公开的审查程序和责任。依照《保守国家秘密法》《政府信息公开条例》以及其他法律、法规和国家有关规定，对拟公开的政府信息进行审核。机关部门不能确定政府信息是否可以公开的，应当报保密管理部门或者政务公开领导小组办公室确定。

> ◆ **第三十六条 数据保密管理**
>
> 开展涉及国家秘密的数据处理活动及其安全监管应当符合国家保密规定。
>
> 国家保密行政管理部门和省、自治区、直辖市保密行政管理部门会同有关主管部门建立安全保密防控机制，采取安全保密防控措施，防范数据汇聚、关联引发的泄密风险。
>
> 机关、单位应当对汇聚、关联后属于国家秘密事项的数据依法加强安全管理。

名词解释

数据，是指任何以电子或者其他方式对信息的记录。

实用问答

1. 如何理解数据分类分级保护制度？

答：根据《数据安全法》第 21 条的规定，国家建立数据分类分级保护制度，根据数据在经济社会发展中的重要程度，以及一旦遭到篡改、破坏、泄露或者非法获取、非法利用，对国家安全、公共利益或者个人、组织合法权益造成的危害程度，对数据实行分类分级保护。国家数据安全工作协调机制统筹协调有关部门制定重要数据目录，加强对重要数据的保护。关系国家安全、国民经济命脉、重要民生、重大公共利益等数据属于国家核心数据，实行更加严格的管理制度。各地区、各部门应当按照数据分类分级保护制度，确定本地区、本部门以及相关行业、领域的重要数据具体目录，对列入目录的数据进行重点保护。

2. 开展数据处理活动如何保障数据安全？

答：根据《数据安全法》第27条的规定，开展数据处理活动应当依照法律、法规的规定，建立健全全流程数据安全管理制度，组织开展数据安全教育培训，采取相应的技术措施和其他必要措施，保障数据安全。利用互联网等信息网络开展数据处理活动，应当在网络安全等级保护制度的基础上，履行上述数据安全保护义务。重要数据的处理者应当明确数据安全负责人和管理机构，落实数据安全保护责任。

3. 处理外国司法或者执法机构关于提供数据请求的原则是什么？

答：根据《数据安全法》第36条的规定，中华人民共和国主管机关根据有关法律和中华人民共和国缔结或者参加的国际条约、协定，或者按照平等互惠原则，处理外国司法或者执法机构关于提供数据的请求。非经中华人民共和国主管机关批准，境内的组织、个人不得向外国司法或者执法机构提供存储于中华人民共和国境内的数据。

◆ **第三十七条　涉外保密管理**

机关、单位向境外或者向境外在中国境内设立的组织、机构提供国家秘密，任用、聘用的境外人员因工作需要知悉国家秘密的，按照国家有关规定办理。

实用问答

1. 外国组织和个人需要获取涉及国家秘密的气象资料的，应当履行何种程序？

答：根据《涉外气象探测和资料管理办法》第20条的规定，外国组织和个人在涉外气象探测活动中需要获取涉及国家秘密的气象资料，应当按照国家保密法律、法规和有关规定报批，并由国务院气象主管机构或者其授权的单位与中外合作各方按照国家规定签订气象资料保密协议，明确保密义务和责任，并依照协议约定使用。

2. 为境外窃取、刺探、收买、非法提供国家秘密或者情报，属于"情节特别严重"的情形有哪些？对此类情形应当如何处罚？

答：根据《最高人民法院关于审理为境外窃取、刺探、收买、非法提供国家秘密、情报案件具体应用法律若干问题的解释》第2条的规定，为境外窃取、刺探、收买、非法提供国家秘密或者情报，具有下列情形之一的，属于"情节特别严重"，处10年以上有期徒刑、无期徒刑，可以并处没收财产：（1）为境外窃取、刺探、收买、非法提供绝密级国家秘密的；（2）为境外窃取、刺探、收买、非法提供3项以上机密级国家秘密的；（3）为境外窃取、刺探、收买、非法提供国家秘密或者情报，对国家安全和利益造成其他特别严重损害的。实施前述行为，对国家和人民危害特别严重、情节特别恶劣的，可以判处死刑，并处没收财产。

3. 对查获的涉及国家秘密的文件，公安机关应当如何处理？

答：根据《出境入境管理法》第 68 条第 2 款的规定，对查获的违禁物品，涉及国家秘密的文件、资料以及用于实施违反出境入境管理活动的工具等，公安机关应当予以扣押，并依照相关法律、行政法规规定处理。

典型案例

赵某1、徐某某、赵某2、刘某某玩忽职守、泄露国家秘密、为境外人员非法提供国家秘密案[①]

要旨 国家秘密是指关系国家安全和利益，依照法律的程序确定，在一定的时间内只限于一定范围的人员知悉的事项。依照1988年《保守国家秘密法》第 8 条第 6 项的规定，维护国家安全活动和追查刑事犯罪中的秘密事项属于国家秘密，与会人员有保守秘密的义务。根据1979年《刑法》第 186 条规定，泄露国家秘密罪是指国家机关工作人员违反国家保密法规，泄露国家重要机密，情节严重的行为。犯罪行为人在已经被明确告知应对信息内容绝对保密的情况下仍把自己掌管或者知悉的国家秘密让不应知悉者知悉，不论其以何种方式泄露均不影响泄露国家秘密罪的成立。因此，犯罪行为人以不知信息内容是国家秘密为由认为不构成泄露国家秘密罪的理由不能成立。

---

① 参见《最高人民法院公报》1994 年第 2 期。

◆ **第三十八条 会议、活动保密管理**

举办会议或者其他活动涉及国家秘密的,主办单位应当采取保密措施,并对参加人员进行保密教育,提出具体保密要求。

实用问答

举办会议或者其他活动涉及国家秘密的,主办单位应当采取哪些保密措施?

答:根据《保守国家秘密法实施条例》第 27 条的规定,举办会议或者其他活动涉及国家秘密的,主办单位应当采取下列保密措施:(1) 根据会议、活动的内容确定密级,制定保密方案,限定参加人员范围;(2) 使用符合国家保密规定和标准的场所、设施、设备;(3) 按照国家保密规定管理国家秘密载体;(4) 对参加人员提出具体保密要求。

◆ **第三十九条 要害部门、部位保密管理**

机关、单位应当将涉及绝密级或者较多机密级、秘密级国家秘密的机构确定为保密要害部门,将集中制作、存放、保管国家秘密载体的专门场所确定为保密要害部位,按照国家保密规定和标准配备、使用必要的技术防护设施、设备。

名词解释

保密要害部门,是指机关、单位日常工作中产生、传递、使用和管理绝密级或较多机密级、秘密级国家秘密的内设机构。

保密要害部位,是指机关、单位内部集中制作、存储、保管国家秘密载体的专门场所，如机关、单位的保密室、档案室和涉密信息系统机房等。

实用问答

公安机关对保密要害部门、部位的管理有何规定？

答：根据《公安机关人民警察内务条令》第100条、第106条第3项的规定，公安机关应当严格按照国家保密管理规定，准确划定保密要害部门、部位，以及涉密岗位、涉密人员范围。公安信息网计算机不得安装无线网卡、无线鼠标、无线键盘等具有无线互联功能的设备，在保密要害部门、部位的公安信息网计算机不得安装摄像头、麦克风等音视频采集装置。

◆ **第四十条 军事禁区等场所、部位保密管理**

军事禁区、军事管理区和属于国家秘密不对外开放的其他场所、部位，应当采取保密措施，未经有关部门批准，不得擅自决定对外开放或者扩大开放范围。

涉密军事设施及其他重要涉密单位周边区域应当按照国家保密规定加强保密管理。

名词解释

军事禁区，是指设有重要军事设施或者军事设施安全保密要求高、具有重大危险因素，需要国家采取特殊措施加以重点保护，依照法定程序和标准划定的军事区域。

军事管理区，是指设有较重要军事设施或者军事设施安全保密要求较高、具有较大危险因素，需要国家采取特殊措施加以保护，依照法定程序和标准划定的军事区域。

军事设施，是指国家直接用于军事目的的建筑、场地和设备，包括军队为执行任务必需设置的临时设施。

实用问答

对军事禁区的保护措施有哪些？

答：根据《军事设施保护法》第17条的规定，禁止陆地、水域军事禁区管理单位以外的人员、车辆、船舶等进入军事禁区，禁止航空器在陆地、水域军事禁区上空进行低空飞行，禁止对军事禁区进行摄影、摄像、录音、勘察、测量、定位、描绘和记述。但是，经有关军事机关批准的除外。禁止航空器进入空中军事禁区，但依照国家有关规定获得批准的除外。使用军事禁区的摄影、摄像、录音、勘察、测量、定位、描绘和记述资料，应当经有关军事机关批准。

◆ **第四十一条 从事涉密业务的企事业单位保密管理**

从事涉及国家秘密业务的企业事业单位，应当具备相应的保密管理能力，遵守国家保密规定。

从事国家秘密载体制作、复制、维修、销毁，涉密信息系统集成，武器装备科研生产，或者涉密军事设施建设等涉及国家秘密业务的企业事业单位，应当经过审查批准，取得保密资质。

名词解释

涉密信息系统集成，是指涉密信息系统的规划、设计、建设、监理和运行维护等活动。

保密资质，是指拟从事涉密业务的企业事业单位，经保密行政管理部门依法审查认定，获准从事涉密业务的能力及相应的资格。

实用问答

1. 从事涉密业务的企业事业单位应当具备哪些条件？

答：根据《保守国家秘密法实施条例》第 29 条的规定，从事涉密业务的企业事业单位应当具备下列条件：（1）在中华人民共和国境内依法成立 3 年以上的法人，无违法犯罪记录；（2）从事涉密业务的人员具有中华人民共和国国籍；（3）保密制度完善，有专门的机构或者人员负责保密工作；（4）用于涉密业务的场所、设施、设备符合国家保密规定和标准；（5）具有从事涉密业务的专业能力；（6）法律、行政法规和国家保密行政管理部门规定的其他条件。

2. 涉密信息系统集成资质的等级是如何划分的？

答：根据《涉密信息系统集成资质管理办法》第 10 条的规定，涉密信息系统集成资质分为甲级和乙级两个等级。甲级资质单位可以从事绝密级、机密级和秘密级涉密集成业务；乙级资质单位可以从事机密级、秘密级涉密集成业务。

3. 涉密信息系统集成资质单位变更哪些事项，应当在变更后 10 日内向保密行政管理部门书面报告？

答：根据《涉密信息系统集成资质管理办法》第 38 条的规定，涉密信息系统集成资质单位下列事项发生变更的，应当在变更后 10 日内向保密行政管理部门书面报告：（1）单位名称；（2）注册地址或者经营地址；（3）经营范围；（4）法定代表人、董（监）事会人员或者高级管理人员。资质单位变更完成需换发《资质证书》的，由保密行政管理部门审核后重新颁发。

4. 未经保密行政管理部门许可的单位从事涉密集成业务的，如何处罚？

答：根据《涉密信息系统集成资质管理办法》第 47 条的规定，

未经保密行政管理部门许可的单位从事涉密集成业务的,由保密行政管理部门责令停止违法行为,非法获取、持有的国家秘密载体,应当予以收缴;有违法所得的,由市场监督管理部门没收违法所得;构成犯罪的,依法追究刑事责任。

◆ **第四十二条　涉密采购和委托涉密业务保密管理**

采购涉及国家秘密的货物、服务的机关、单位,直接涉及国家秘密的工程建设、设计、施工、监理等单位,应当遵守国家保密规定。

机关、单位委托企业事业单位从事涉及国家秘密的业务,应当与其签订保密协议,提出保密要求,采取保密措施。

名词解释

直接涉及国家秘密的工程,主要是指用途、功能或关键部位涉及国家秘密事项的工程。

保密协议,是指机关、单位根据有关保密法律法规的规定,与受委托从事涉密业务的企业事业单位签订的要求其保守国家秘密的书面协议。

◆ **第四十三条　涉密人员及其权益保护**

在涉密岗位工作的人员(以下简称涉密人员),按照涉密程度分为核心涉密人员、重要涉密人员和一般涉密人员,实行分类管理。

任用、聘用涉密人员应当按照国家有关规定进行审查。

涉密人员应当具有良好的政治素质和品行,经过保密教育培训，具备胜任涉密岗位的工作能力和保密知识技能，签订保密承诺书，严格遵守国家保密规定，<u>承担保密责任</u>。

<u>涉密人员的合法权益受法律保护</u>。对因保密原因合法权益受到影响和限制的涉密人员，按照国家有关规定给予相应待遇或者补偿。

实用问答

1. 国家科学技术秘密持有单位如何对涉密人员进行管理？

答：根据《国家科学技术秘密持有单位管理办法》第 7 条第 1、2 款的规定，国家科学技术秘密持有单位应当按照国家有关规定，确定涉密岗位及其类别，将在涉密岗位工作的人员确定为核心涉密人员、重要涉密人员和一般涉密人员，实行分类管理。持密单位应当对涉密人员进行保密审查，与涉密人员签订保密承诺书，加强对涉密人员的保密宣传、教育培训和监督管理，对涉密人员发表论文、申请专利、新闻出版、参加学术交流等公开行为及出国（境）活动进行审查和保密提醒。

2. 国家科学技术秘密持有单位涉密人员的权益应得到哪些方面的保护？

答：根据《国家科学技术秘密持有单位管理办法》第 7 条第 3 款的规定，国家科学技术秘密持有单位应当保障涉密人员正当合法权益，不得因其成果不宜公开发表、交流、推广而影响其评奖、表彰和职称评定。对确因保密原因不能在公开刊物上发表的论文，应当对论文的实际水平给予客观、公正评价。

3. 测绘成果核心涉密人员应具备何种能力？

答：根据《国家测绘地理信息局关于进一步贯彻落实测绘成果

核心涉密人员保密管理制度的通知》中的规定，测绘成果核心涉密人员应当具备良好的政治素质和品行，遵守国家保密法律法规，具有胜任测绘成果核心涉密岗位要求的工作能力，熟悉和掌握涉密测绘成果保密管理的业务知识、技能和基本法律知识，签订保密责任书，认真履行岗位职责，不得以任何方式泄露国家秘密。

◆ **第四十四条　涉密人员管理制度**

机关、单位应当建立健全涉密人员管理制度，明确涉密人员的权利、岗位责任和要求，对涉密人员履行职责情况开展经常性的监督检查。

名词解释

涉密人员的权利，是指涉密人员除享有作为机关、单位一般工作人员应有的各项权利外，还有权要求机关、单位为其提供符合保密要求的工作条件，配备必要的保密设施、设备，参加保密业务培训，对本岗位的保密工作提出意见建议等。

实用问答

公安机关对涉密人员的聘任和管理有何规定？

答：根据《公安机关人民警察内务条令》第 101 条的规定，公安机关政工部门应当会同保密部门，按照"先审后用、严格把关"的原则，对拟任（聘）用到涉密岗位的人员进行保密审查，并定期对在岗涉密人员组织复审。涉密人员因公、因私出国（境）的，按照管理权限和规定程序实行严格审批。一般情况下，核心涉密人员因私出国（境）不予批准。

◆ **第四十五条　涉密人员出境管理**

涉密人员出境应当经有关部门批准，有关机关认为涉密人员出境将对国家安全造成危害或者对国家利益造成重大损失的，不得批准出境。

实用问答

实行对外科技交流保密提醒制度的机关、社会团体、企事业单位如何对参加对外科技交流活动的涉密人员进行保密提醒？

答：根据国家保密局、科学技术部联合制定的《对外科技交流保密提醒制度》第4条的规定，实行对外科技交流保密提醒制度的机关、社会团体、企事业单位，应当确定本单位涉密人员，并以下列方式对参加对外科技交流活动的涉密人员进行保密提醒：（1）涉密人员出境参加对外科技交流活动，其所在机关、社会团体、企事业单位人事或外事部门在办理出境审批手续时，应当告知其《涉密人员对外科技交流保密守则》，要求其在《涉密人员对外科技交流保密义务承诺书》上签字，承诺履行保密义务，并填写《对外科技交流涉密人员登记表》，对一年内数次出境参加对外科技交流活动的涉密人员，可以每年对其提醒一次。（2）涉密人员在境内参加对外科技交流活动，应当事先向所在单位报告，并填写《对外科技交流涉密人员登记表》，由所在单位提醒其遵守对外科技交流保密守则，并记录在案。

◆ **第四十六条　涉密人员离岗离职管理**

涉密人员离岗离职应当遵守国家保密规定。机关、单位应当开展保密教育提醒，清退国家秘密载体，实行脱密期管理。涉密人员在脱密期内,不得违反规定就业和出境,不得以任何方式泄露国家秘密;脱密期结束后,应当遵守国家保密规定,对知悉的国家秘密继续履行保密义务。涉密人员严重违反离岗离职及脱密期国家保密规定的,机关、单位应当及时报告同级保密行政管理部门,由保密行政管理部门会同有关部门依法采取处置措施。

名词解释

离岗,是指涉密人员离开涉密工作岗位,仍在本机关、本单位工作的情形。

离职,是指涉密人员被单位辞退、解聘、调离或辞职、退休等离开本机关、本单位的情形。

脱密期管理,是指在一定期限内,从就业、出境等方面对离岗离职涉密人员采取限制措施。

实用问答

1. 国家科学技术秘密持有单位涉密人员离岗离职有哪些保密要求?

答:根据《国家科学技术秘密持有单位管理办法》第 7 条第 4 款的规定,国家科学技术秘密持有单位应当对涉密人员离岗离职实行脱密期管理,与涉密人员签订脱密期保密承诺书,明确未经本单位批准,涉密人员离岗离职后不得从事任何与其知悉的国家科学技术秘密相关的工作,直至解密为止。

2. 对在涉及国家秘密等特殊职位任职的公务员辞职有何限制?

答:根据《公务员法》第 86 条第 2 项的规定,公务员在涉及国家秘密等特殊职位任职或者离开上述职位不满国家规定的脱密期限的，不得辞去公职。

3. 公安民警离岗离职时如何进行工作移交？

答：根据《公安机关人民警察内务条令》第 88 条的规定，公安民警在工作变动、退休、辞职或者被辞退、开除公职时，应当将所负责的工作情况和掌管的文件、材料、证件、武器、弹药、器材、数字证书等进行移交，清退涉密载体，并按规定执行脱密期管理和监督。移交工作应当在本人离开工作岗位前完成。移交前，所在单位领导应当指定接管人。交接时，双方当面清点，必要时由单位领导主持或者请纪检监察等有关部门参加；交接后，双方在交接登记册（表）上签字。

4. 纪检监察机关相关涉密人员离岗离职后，如何接受保密管理？

答：根据《中国共产党纪律检查机关监督执纪工作规则》第 68 条的规定，纪检监察机关相关涉密人员离岗离职后，应当遵守脱密期管理规定，严格履行保密义务，不得泄露相关秘密。监督执纪人员辞职、退休 3 年内，不得从事与纪检监察和司法工作相关联、可能发生利益冲突的职业。

◆ **第四十七条　泄密事件报告**

国家工作人员或者其他公民发现国家秘密已经泄露或者可能泄露时，应当立即采取补救措施并及时报告有关机关、单位。机关、单位接到报告后，应当立即作出处理，并及时向保密行政管理部门报告。

实用问答

1. 机关、单位发现国家秘密已经泄露或者可能泄露的，应当如何做？

答：根据《保守国家秘密法实施条例》第 34 条的规定，机关、单位发现国家秘密已经泄露或者可能泄露的，应当立即采取补救措施，并在 24 小时内向同级保密行政管理部门和上级主管部门报告。地方各级保密行政管理部门接到泄密报告的，应当在 24 小时内逐级报至国家保密行政管理部门。

2. 中国农业银行员工发现国家秘密已经泄露或者可能泄露而未及时采取措施的，如何处罚？

答：根据《中国农业银行员工违反规章制度处理暂行办法》第 152 条第 3 项的规定，发现国家秘密已经泄露或者可能泄露时，未及时报告有关机关、单位以致影响查处工作，未立即采取补救措施或者妨碍及时采取补救措施的，给予有关责任人员警告至记大过处分。

第四章 监督管理

◆ 第四十八条 规章、标准制定

国家保密行政管理部门依照法律、行政法规的规定，制定保密规章和国家保密标准。

实用问答

1. 部门规章的制定主体、制定依据和规定事项的权限范围是什么？

答：根据《立法法》第91条的规定，国务院各部、委员会、中国人民银行、审计署和具有行政管理职能的直属机构以及法律规定的机构，可以根据法律和国务院的行政法规、决定、命令，在本部门的权限范围内，制定规章。部门规章规定的事项应当属于执行法律或者国务院的行政法规、决定、命令的事项。没有法律或者国务院的行政法规、决定、命令的依据，部门规章不得设定减损公民、法人和其他组织权利或者增加其义务的规范，不得增加本部门的权力或者减少本部门的法定职责。

2. 部门规章的公布程序有何规定？

答：根据《立法法》第96条第1款以及《规章制定程序条例》第30条的规定，部门规章由部门首长签署命令予以公布。公布规章的命令应当载明该规章的制定机关、序号、规章名称、通过日期、施行日期、部门首长署名以及公布日期。部门联合规章由联合制定的部门首长共同署名公布，使用主办机关的命令序号。

3. 部门规章的刊登载体有哪些？

答：根据《立法法》第 97 条第 1、3 款的规定，部门规章签署公布后，及时在国务院公报或者部门公报和中国政府法制信息网以及在全国范围内发行的报纸上刊载。在国务院公报或者部门公报和地方人民政府公报上刊登的规章文本为标准文本。

◆ **第四十九条　监督管理职责**

保密行政管理部门依法组织开展保密宣传教育、保密检查、保密技术防护、保密违法案件调查处理工作，对保密工作进行指导和监督管理。

实用问答

保密行政管理部门依法对机关、单位执行保密法律法规进行检查的情况有哪些？

答：根据《保守国家秘密法实施条例》第 32 条的规定，保密行政管理部门依法对机关、单位执行保密法律法规的下列情况进行检查：(1) 保密工作责任制落实情况；(2) 保密制度建设情况；(3) 保密宣传教育培训情况；(4) 涉密人员管理情况；(5) 国家秘密确定、变更和解除情况；(6) 国家秘密载体管理情况；(7) 信息系统和信息设备保密管理情况；(8) 互联网使用保密管理情况；(9) 保密技术防护设施设备配备使用情况；(10) 涉密场所及保密要害部门、部位管理情况；(11) 涉密会议、活动管理情况；(12) 信息公开保密审查情况。

◆ **第五十条　定密纠正**

保密行政管理部门发现国家秘密确定、变更或者解除不当的，应当及时通知有关机关、单位予以纠正。

实用问答

1. 机关、单位发现本机关、本单位国家秘密的确定、变更和解除不当的，应当如何处理？

答：根据《保守国家秘密法实施条例》第18条的规定，机关、单位发现本机关、本单位国家秘密的确定、变更和解除不当的，应当及时纠正；上级机关、单位发现下级机关、单位国家秘密的确定、变更和解除不当的，应当及时通知其纠正，也可以直接纠正。

2. 对定密责任人和承办人进行处分的情形有哪些？

答：根据《国家秘密定密管理暂行规定》第42条的规定，定密责任人和承办人违反该规定，有下列行为之一的，机关、单位应当及时纠正并进行批评教育；造成严重后果的，依纪依法给予处分：（1）应当确定国家秘密而未确定的；（2）不应当确定国家秘密而确定的；（3）超出定密权限定密的；（4）未按照法定程序定密的；（5）未按规定标注国家秘密标志的；（6）未按规定变更国家秘密的密级、保密期限、知悉范围的；（7）未按要求开展解密审核的；（8）不应当解除国家秘密而解除的；（9）应当解除国家秘密而未解除的；（10）违反该规定的其他行为。

3. 机关、单位未依法履行定密管理职责的，如何处理？

答：根据《国家秘密定密管理暂行规定》第43条的规定，机关、单位未依法履行定密管理职责，导致定密工作不能正常进行的，应当给予通报批评；造成严重后果的，应当依法追究直接负责的主管人员和其他直接责任人员的责任。

◆ **第五十一条　保密检查与依法查处**

保密行政管理部门依法对机关、单位遵守保密法律法规和相关制度的情况进行检查；涉嫌保密违法的，应当及时调查处理或者组织、督促有关机关、单位调查处理；涉嫌犯罪的，应当依法移送监察机关、司法机关处理。

对严重违反国家保密规定的涉密人员，保密行政管理部门应当建议有关机关、单位将其调离涉密岗位。

有关机关、单位和个人应当配合保密行政管理部门依法履行职责。

◆ **第五十二条　保密违法行为处置措施**

保密行政管理部门在保密检查和案件调查处理中，可以依法查阅有关材料、询问人员、记录情况，先行登记保存有关设施、设备、文件资料等；必要时，可以进行保密技术检测。

保密行政管理部门对保密检查和案件调查处理中发现的非法获取、持有的国家秘密载体，应当予以收缴；发现存在泄露国家秘密隐患的，应当要求采取措施，限期整改；对存在泄露国家秘密隐患的设施、设备、场所，应当责令停止使用。

实用问答

1. 保密行政管理部门收缴非法获取、持有的国家秘密载体后，应当如何处理？

答：根据《保守国家秘密法实施条例》第36条的规定，保密行政管理部门收缴非法获取、持有的国家秘密载体，应当进行登记并出具清单，查清密级、数量、来源、扩散范围等，并采取相应的保密措施。保密行政管理部门可以提请公安、工商行政管理等有关部门协助收缴非法获取、持有的国家秘密载体，有关部门应当予以配合。

2. 保密行政管理部门在保密检查过程中，发现有泄密隐患的，应当采取哪些措施？

答：根据《保守国家秘密法实施条例》第33条的规定，保密行政管理部门在保密检查过程中，发现有泄密隐患的，可以查阅有关材料、询问人员、记录情况；对有关设施、设备、文件资料等可以依法先行登记保存，必要时进行保密技术检测。有关机关、单位及其工作人员对保密检查应当予以配合。保密行政管理部门实施检查后，应当出具检查意见，对需要整改的，应当明确整改内容和期限。

◆ **第五十三条 密级鉴定**

办理涉嫌泄露国家秘密案件的机关，需要对有关事项是否属于国家秘密、属于何种密级进行鉴定的，由国家保密行政管理部门或者省、自治区、直辖市保密行政管理部门鉴定。

📝 名词解释

国家秘密鉴定，是指保密行政管理部门对涉嫌泄露国家秘密案件中有关事项是否属于国家秘密以及属于何种密级进行鉴别和认定的活动。

📄 实用问答

1. 办案机关申请国家秘密鉴定，应当提交哪些材料？

答：根据《国家秘密鉴定工作规定》第9条的规定，办案机关申请国家秘密鉴定，应当提交下列材料：（1）申请国家秘密鉴定的公文；（2）需要进行国家秘密鉴定的事项及鉴定事项清单；（3）进行国家秘密鉴定需要掌握的有关情况说明，包括案件基本情况、鉴定事项来源、泄露对象和时间、回避建议等。

2. 对是否属于国家秘密、属于何种密级事项的鉴定由哪些部门作出？对鉴定结论的出具时间有何限制？

答：根据《保守国家秘密法实施条例》第37条的规定，国家保密行政管理部门或者省、自治区、直辖市保密行政管理部门应当依据保密法律法规和保密事项范围，对办理涉嫌泄露国家秘密案件的机关提出鉴定的事项是否属于国家秘密、属于何种密级作出鉴定。

保密行政管理部门受理鉴定申请后，应当自受理之日起30日内出具鉴定结论；不能按期出具鉴定结论的，经保密行政管理部门负责人批准，可以延长30日。

3. 保密行政管理部门收到申请鉴定的公文后，应履行何种处理程序？

答：根据《国家秘密鉴定工作规定》第12条的规定，保密行政管理部门应当自收到申请国家秘密鉴定的公文之日起 5 日内，对相关材料进行审查，作出是否受理的决定，并告知办案机关。经审查认为办案机关提交的材料存在瑕疵、不完整或者不能满足鉴定需要的，应当通知办案机关予以修改或者补充。审查受理时间自相关材料修改完成或者补齐之日起计算。经审查决定不予受理的，应当说明理由并退还相关材料。

4. 保密行政管理部门受理鉴定申请后，应就哪些情况向鉴定事项产生单位征求鉴定意见？

答：根据《国家秘密鉴定工作规定》第 14 条的规定，受理鉴定申请后，保密行政管理部门应当就下列情况向鉴定事项产生单位征求鉴定意见：(1) 鉴定事项是否由其产生，内容是否真实；(2) 鉴定事项是否已经按照法定程序确定、变更、解除国家秘密，及其时间、理由和依据；(3) 鉴定事项是否应当属于国家秘密及何种密级，是否应当变更或者解除国家秘密，及其理由和依据。

5. 国家秘密鉴定书应当包括哪些内容？

答：根据《国家秘密鉴定工作规定》第 22 条的规定，保密行政管理部门作出鉴定结论应当出具国家秘密鉴定书。国家秘密鉴定书应当包括以下内容：(1) 鉴定事项名称或者内容；(2) 鉴定依据和鉴定结论；(3) 其他需要说明的情况；(4) 鉴定机关名称和鉴定日期。国家秘密鉴定书应当加盖保密行政管理部门印章。

6. 人民法院审理涉及情报的刑事案件，对有关事项是否属于情报由哪些部门鉴定？

答：根据《最高人民法院、国家保密局关于执行〈关于审理为境外窃取、刺探、收买、非法提供国家秘密、情报案件具体应用法律若干问题的解释〉有关问题的通知》的规定，人民法院审理为境外窃取、刺探、收买、非法提供情报案件，需要对有关事项是否属于情报进行鉴定的，由国家保密工作部门或者省、自治区、直辖市保密工作部门鉴定。

◆ **第五十四条　处分监督**

机关、单位对违反国家保密规定的人员<u>不依法给予处分的</u>，保密行政管理部门应当<u>建议纠正</u>；对<u>拒不纠正的</u>，提请其上一级<u>机关或者监察机关</u>对该机关、单位负有责任的领导人员和直接责任人员<u>依法予以处理</u>。

◆ **第五十五条　风险评估、监测预警、应急处置、信息通报**

设区的<u>市级以上</u>保密行政管理部门建立保密风险评估机制、<u>监测预警制度</u>、<u>应急处置制度</u>，会同有关部门开展信息收集、分析、通报工作。

📝 名词解释

保密风险评估机制，是指对可能危害国家秘密安全的风险以及事件造成的影响进行科学的分析、研判和评估。

保密监测预警，是指针对可能危害国家秘密安全的行为和风险进行持续监测，收集分析相关信息，发现和识别安全保密威胁，及时发出预警，以消除安全保密隐患。

保密应急处置，是指通过制定应急预案、组织应急演练、开展应急响应等措施，将危害国家秘密安全事件造成的危害后果和不利影响降到最低。

第五十六条 行业自律

保密协会等行业组织依照法律、行政法规的规定开展活动，推动行业自律，促进行业健康发展。

名词解释

中国保密协会，是国家一级协会，是由我国与保密工作相关的企事业单位和人员自愿结成的全国性、专业性、非营利性社会组织。

实用问答

1. 中国保密协会会员享有哪些权利？

答：根据《中国保密协会章程》第 10 条的规定，会员享有下列权利：（1）协会的选举权、被选举权和表决权；（2）获得协会服务的优先权；（3）对协会工作的批评建议权和表决权；（4）通过协会向有关部门反映意见，维护自身合法权益；（5）参加协会组织的各项活动；（6）入会自愿、退会自由。

2. 中国保密协会会员履行哪些义务？

答：根据《中国保密协会章程》第 11 条的规定，会员履行下列义务：（1）执行协会的决议；（2）维护协会合法权益；（3）完成协会交办的工作；（4）按规定交纳会费；（5）向协会反映情况，提供有关资料。

3. 中国保密协会的经费来源包括哪些？

答：根据《中国保密协会章程》第 37 条的规定，协会经费来源包括：（1）会费；（2）捐赠；（3）政府资助；（4）在核准的业务范围内开展活动和服务的收入；（5）利息；（6）其他合法收入。

第五章　法律责任

◆ **第五十七条　组织、个人保密违法责任**

违反本法规定，有下列情形之一，根据情节轻重，依法给予处分；有违法所得的，没收违法所得：
（一）非法获取、持有国家秘密载体的；
（二）买卖、转送或者私自销毁国家秘密载体的；
（三）通过普通邮政、快递等无保密措施的渠道传递国家秘密载体的；
（四）寄递、托运国家秘密载体出境，或者未经有关主管部门批准，携带、传递国家秘密载体出境的；
（五）非法复制、记录、存储国家秘密的；
（六）在私人交往和通信中涉及国家秘密的；
（七）未按照国家保密规定和标准采取有效保密措施，在互联网及其他公共信息网络或者有线和无线通信中传递国家秘密的；
（八）未按照国家保密规定和标准采取有效保密措施，将涉密信息系统、涉密信息设备接入互联网及其他公共信息网络的；
（九）未按照国家保密规定和标准采取有效保密措施，在涉密信息系统、涉密信息设备与互联网及其他公共信息网络之间进行信息交换的；
（十）使用非涉密信息系统、非涉密信息设备存储、处理国家秘密的；

（十一）擅自卸载、修改涉密信息系统的安全技术程序、管理程序的；

（十二）将未经安全技术处理的退出使用的涉密信息设备赠送、出售、丢弃或者改作其他用途的；

（十三）其他违反本法规定的情形。

有前款情形尚不构成犯罪，且不适用处分的人员，由保密行政管理部门督促其所在机关、单位予以处理。

实用问答

1. 政务处分的种类包括哪些？

答：根据《公职人员政务处分法》第7条的规定，政务处分的种类为：（1）警告；（2）记过；（3）记大过；（4）降级；（5）撤职；（6）开除。

2. 政务处分的期间是如何规定的？

答：根据《公职人员政务处分法》第8条的规定，政务处分的期间为：（1）警告，6个月；（2）记过，12个月；（3）记大过，18个月；（4）降级、撤职，24个月。政务处分决定自作出之日起生效，政务处分期自政务处分决定生效之日起计算。

3. 对泄露党和国家秘密的党员应如何进行党纪处分？

答：根据《中国共产党纪律处分条例》第30条第1款的规定，党组织在纪律审查中发现党员有《刑法》规定的行为，虽不构成犯罪但须追究党纪责任的，或者有其他破坏社会主义市场经济秩序、违反治安管理等违法行为，损害党、国家和人民利益的，应当视具体情节给予警告直至开除党籍处分。

根据《中国共产党纪律处分条例》第144条的规定，泄露、扩散或者打探、窃取党组织关于干部选拔任用、纪律审查、巡视巡察等尚未公开事项或者其他应当保密的内容的，给予警告或者严重警告处分；情节较重的，给予撤销党内职务或者留党察看处分；情节严重的，给予开除党籍处分。私自留存涉及党组织关于干部选拔任用、纪律审查、巡视巡察等方面资料，情节较重的，给予警告或者严重警告处分；情节严重的，给予撤销党内职务处分。

根据《中国共产党纪律处分条例》第145条的规定，在考试、录取工作中，有泄露试题、考场舞弊、涂改考卷、违规录取等违反有关规定行为的，给予警告或者严重警告处分；情节较重的，给予撤销党内职务或者留党察看处分；情节严重的，给予开除党籍处分。

◆ **第五十八条 机关、单位重大泄密和定密不当法律责任**

机关、单位违反本法规定，发生重大泄露国家秘密案件的，依法对直接负责的主管人员和其他直接责任人员给予处分。不适用处分的人员，由保密行政管理部门督促其主管部门予以处理。

机关、单位违反本法规定，对应当定密的事项不定密，对不应当定密的事项定密，或者未履行解密审核责任，造成严重后果的，依法对直接负责的主管人员和其他直接责任人员给予处分。

名词解释

直接负责的主管人员，是指负有直接领导责任的机关、单位负责人或者直接责任人所在部门的负责人。

直接责任人员，是指直接实施违法、泄密行为的人员。

◆ **第五十九条　网络运营者保密违法责任**

网络运营者违反本法第三十四条规定的,由公安机关、国家安全机关、电信主管部门、保密行政管理部门按照各自职责分工依法予以处罚。

实用问答

1. 什么是行政处罚？

答：根据《行政处罚法》第 2 条的规定，行政处罚是指行政机关依法对违反行政管理秩序的公民、法人或者其他组织，以减损权益或者增加义务的方式予以惩戒的行为。

2. 行政处罚的种类包括哪些？

答：根据《行政处罚法》第 9 条的规定，行政处罚的种类包括：（1）警告、通报批评；（2）罚款、没收违法所得、没收非法财物；（3）暂扣许可证件、降低资质等级、吊销许可证件；（4）限制开展生产经营活动、责令停产停业、责令关闭、限制从业；（5）行政拘留；（6）法律、行政法规规定的其他行政处罚。

◆ **第六十条　承担涉密业务单位保密违法责任**

取得保密资质的企业事业单位违反国家保密规定的，由保密行政管理部门责令限期整改，给予警告或者通报批评；有违法所得的，没收违法所得；情节严重的，暂停涉密业务、降低资质等级；情节特别严重的，吊销保密资质。

未取得保密资质的企业事业单位违法从事本法第四十一条第

二款规定的涉密业务的，由保密行政管理部门责令停止涉密业务，给予警告或者通报批评；有违法所得的，没收违法所得。

名词解释

责令限期整改，是指保密行政管理部门依法要求保密违法行为人在一定期限内将其保密违法行为恢复到合法状态。

警告，是指保密行政管理部门对保密违法行为人提出告诫，使其认识到自己的保密违法行为和如何改正的一种处罚。

违法所得，是指保密违法行为人实施保密违法行为所取得的款项。

◆ 第六十一条 保密行政管理部门工作人员违法责任

保密行政管理部门的工作人员在履行保密管理职责中滥用职权、玩忽职守、徇私舞弊的，依法给予处分。

名词解释

滥用职权，是指保密行政管理部门工作人员超越职权范围或者违背法律授权的宗旨、违反法律程序行使职权的行为。

玩忽职守，是指保密行政管理部门工作人员严重不负责任，不履行或者不正确履行职责的行为。

徇私舞弊，是指保密行政管理部门工作人员在履行职责过程中，利用职务之便弄虚作假、徇私谋利的行为。

◆ **第六十二条　刑事责任**

违反本法规定，构成犯罪的，依法追究刑事责任。

实用问答

1.《刑法》对涉及国家秘密的犯罪有哪些规定？

答：根据《刑法》第 109 条的规定，国家机关工作人员在履行公务期间，擅离岗位，叛逃境外或者在境外叛逃的，处 5 年以下有期徒刑、拘役、管制或者剥夺政治权利；情节严重的，处 5 年以上 10 年以下有期徒刑。掌握国家秘密的国家工作人员叛逃境外或者在境外叛逃的，依照前述规定从重处罚。

根据《刑法》第 110 条的规定，有下列间谍行为之一，危害国家安全的，处 10 年以上有期徒刑或者无期徒刑；情节较轻的，处 3 年以上 10 年以下有期徒刑：（1）参加间谍组织或者接受间谍组织及其代理人的任务的；（2）为敌人指示轰击目标的。

根据《刑法》第 111 条的规定，为境外的机构、组织、人员窃取、刺探、收买、非法提供国家秘密或者情报的，处 5 年以上 10 年以下有期徒刑；情节特别严重的，处 10 年以上有期徒刑或者无期徒刑；情节较轻的，处 5 年以下有期徒刑、拘役、管制或者剥夺政治权利。

根据《刑法》第 282 条的规定，以窃取、刺探、收买方法，非法获取国家秘密的，处 3 年以下有期徒刑、拘役、管制或者剥夺政治权利；情节严重的，处 3 年以上 7 年以下有期徒刑。非法持有属于国家绝密、机密的文件、资料或者其他物品，拒不说明来源与用途的，处 3 年以下有期徒刑、拘役或者管制。

根据《刑法》第 398 条的规定，国家机关工作人员违反《保守国家秘密法》的规定，故意或者过失泄露国家秘密，情节严重的，处 3 年以下有期徒刑或者拘役；情节特别严重的，处 3 年以上 7 年以下有期徒刑。非国家机关工作人员犯前述罪的，依照前述规定酌情处罚。

根据《刑法》第 431 条的规定，以窃取、刺探、收买方法，非法获取军事秘密的，处 5 年以下有期徒刑；情节严重的，处 5 年以上 10 年以下有期徒刑；情节特别严重的，处 10 年以上有期徒刑。为境外的机构、组织、人员窃取、刺探、收买、非法提供军事秘密的，处 5 年以上 10 年以下有期徒刑；情节严重的，处 10 年以上有期徒刑、无期徒刑或者死刑。

根据《刑法》第 432 条的规定，违反保守国家秘密法规，故意或者过失泄露军事秘密，情节严重的，处 5 年以下有期徒刑或者拘役；情节特别严重的，处 5 年以上 10 年以下有期徒刑。战时犯前述罪的，处 5 年以上 10 年以下有期徒刑；情节特别严重的，处 10 年以上有期徒刑或者无期徒刑。

2. 什么是故意泄露国家秘密罪？最高人民检察院关于故意泄露国家秘密罪的立案标准是什么？

答：根据《最高人民检察院关于渎职侵权犯罪案件立案标准的规定》第 1 部分第 3 项的规定，故意泄露国家秘密罪是指国家机关工作人员或者非国家机关工作人员违反《保守国家秘密法》，故意使国家秘密被不应知悉者知悉，或者故意使国家秘密超出了限定的接触范围，情节严重的行为。涉嫌下列情形之一的，应予立案：（1）泄露绝密级国家秘密 1 项（件）以上的；（2）泄露机密级国家秘密 2 项（件）以上的；（3）泄露秘密级国家秘密 3 项（件）以上的；（4）向非境外机构、组织、人员泄露国家秘密，造成或者可能造成危害社会稳定、经济发展、国防安全或者其他严重危害后果的；

（5）通过口头、书面或者网络等方式向公众散布、传播国家秘密的；（6）利用职权指使或者强迫他人违反《保守国家秘密法》的规定泄露国家秘密的；（7）以牟取私利为目的泄露国家秘密的；（8）其他情节严重的情形。

3. 什么是过失泄露国家秘密罪？最高人民检察院关于过失泄露国家秘密罪的立案标准是什么？

答：根据《最高人民检察院关于渎职侵权犯罪案件立案标准的规定》第 1 部分第 4 项的规定，过失泄露国家秘密罪是指国家机关工作人员或者非国家机关工作人员违反《保守国家秘密法》，过失泄露国家秘密，或者遗失国家秘密载体，致使国家秘密被不应知悉者知悉或者超出了限定的接触范围，情节严重的行为。涉嫌下列情形之一的，应予立案：（1）泄露绝密级国家秘密 1 项（件）以上的；（2）泄露机密级国家秘密 3 项（件）以上的；（3）泄露秘密级国家秘密 4 项（件）以上的；（4）违反保密规定，将涉及国家秘密的计算机或者计算机信息系统与互联网相连接，泄露国家秘密的；（5）泄露国家秘密或者遗失国家秘密载体，隐瞒不报、不如实提供有关情况或者不采取补救措施的；（6）其他情节严重的情形。

第六章 附 则

第六十三条 军队保密规定授权

中国人民解放军和中国人民武装警察部队开展保密工作的具体规定，由中央军事委员会根据本法制定。

实用问答

1. 军事法规、军事规章的制定机关和实施范围有何规定？

答：根据《立法法》第 117 条第 1~3 款的规定，中央军事委员会根据宪法和法律，制定军事法规。中国人民解放军各战区、军兵种和中国人民武装警察部队，可以根据法律和中央军事委员会的军事法规、决定、命令，在其权限范围内，制定军事规章。军事法规、军事规章在武装力量内部实施。

2. 军事法规、军事规章的制定、修改和废止办法由哪个部门规定？

答：根据《立法法》第 117 条第 4 款的规定，军事法规、军事规章的制定、修改和废止办法，由中央军事委员会依照《立法法》规定的原则规定。

◆ **第六十四条　工作秘密管理**

机关、单位对履行职能过程中产生或者获取的不属于国家秘密但泄露后会造成一定不利影响的事项，适用工作秘密管理办法采取必要的保护措施。工作秘密管理办法另行规定。

名词解释

工作秘密，是指机关、单位在履行职能过程中产生或者获取的不属于国家秘密，但泄露后会造成一定不利影响的事项。

◆ **第六十五条　施行日期**

本法自2024年5月1日起施行。

附录

中华人民共和国国家安全法

(2015年7月1日第十二届全国人民代表大会常务委员会第十五次会议通过 2015年7月1日中华人民共和国主席令第29号公布 自公布之日起施行)

目 录

第一章 总 则
第二章 维护国家安全的任务
第三章 维护国家安全的职责
第四章 国家安全制度
 第一节 一般规定
 第二节 情报信息
 第三节 风险预防、评估和预警
 第四节 审查监管
 第五节 危机管控
第五章 国家安全保障
第六章 公民、组织的义务和权利
第七章 附 则

第一章 总 则

第一条 【立法目的】为了维护国家安全,保卫人民民主专政的政权和中国特色社会主义制度,保护人民的根本利益,保障改革开放和社会主义现代化建设的顺利进行，实现中华民族伟大复兴，根据宪法，制定本法。

第二条　【国家安全】国家安全是指国家政权、主权、统一和领土完整、人民福祉、经济社会可持续发展和国家其他重大利益相对处于没有危险和不受内外威胁的状态，以及保障持续安全状态的能力。

第三条　【立法基础】国家安全工作应当坚持总体国家安全观，以人民安全为宗旨，以政治安全为根本，以经济安全为基础，以军事、文化、社会安全为保障，以促进国际安全为依托，维护各领域国家安全，构建国家安全体系，走中国特色国家安全道路。

第四条　【中国共产党领导原则】坚持中国共产党对国家安全工作的领导，建立集中统一、高效权威的国家安全领导体制。

第五条　【中央国家安全领导机构】中央国家安全领导机构负责国家安全工作的决策和议事协调，研究制定、指导实施国家安全战略和有关重大方针政策，统筹协调国家安全重大事项和重要工作，推动国家安全法治建设。

第六条　【制定完善国家安全战略】国家制定并不断完善国家安全战略，全面评估国际、国内安全形势，明确国家安全战略的指导方针、中长期目标、重点领域的国家安全政策、工作任务和措施。

第七条　【基本原则】维护国家安全，应当遵守宪法和法律，坚持社会主义法治原则，尊重和保障人权，依法保护公民的权利和自由。

第八条　【与经济发展相协调原则、全面统筹原则】维护国家安全，应当与经济社会发展相协调。

国家安全工作应当统筹内部安全和外部安全、国土安全和国民安全、传统安全和非传统安全、自身安全和共同安全。

第九条　【适用原则】维护国家安全,应当坚持预防为主、标本兼治,专门工作与群众路线相结合,充分发挥专门机关和其他有关机关维护国家安全的职能作用,广泛动员公民和组织,防范、制止和依法惩治危害国家安全的行为。

第十条　【共同发展原则】维护国家安全,应当坚持互信、互利、平等、协作,积极同外国政府和国际组织开展安全交流合作,履行国际安全义务,促进共同安全,维护世界和平。

第十一条　【全体参与原则】中华人民共和国公民、一切国家机关和武装力量、各政党和各人民团体、企业事业组织和其他社会组织,都有维护国家安全的责任和义务。

中国的主权和领土完整不容侵犯和分割。维护国家主权、统一和领土完整是包括港澳同胞和台湾同胞在内的全中国人民的共同义务。

第十二条　【奖励表彰】国家对在维护国家安全工作中作出突出贡献的个人和组织给予表彰和奖励。

第十三条　【责任追究】国家机关工作人员在国家安全工作和涉及国家安全活动中,滥用职权、玩忽职守、徇私舞弊的,依法追究法律责任。

任何个人和组织违反本法和有关法律,不履行维护国家安全义务或者从事危害国家安全活动的,依法追究法律责任。

第十四条　【国家安全教育日】每年4月15日为全民国家安全教育日。

第二章　维护国家安全的任务

第十五条　【维护内容】国家坚持中国共产党的领导,维护中国特色社会主义制度,发展社会主义民主政治,健全社会主义法治,强化权力运行制约和监督机制，保障人民当家作主的各项权利。

国家防范、制止和依法惩治任何叛国、分裂国家、煽动叛乱、颠覆或者煽动颠覆人民民主专政政权的行为；防范、制止和依法惩治窃取、泄露国家秘密等危害国家安全的行为；防范、制止和依法惩治境外势力的渗透、破坏、颠覆、分裂活动。

第十六条　【维护公民权益】国家维护和发展最广大人民的根本利益，保卫人民安全，创造良好生存发展条件和安定工作生活环境，保障公民的生命财产安全和其他合法权益。

第十七条　【维护国家主权】国家加强边防、海防和空防建设，采取一切必要的防卫和管控措施，保卫领陆、内水、领海和领空安全，维护国家领土主权和海洋权益。

第十八条　【加强武装力量】国家加强武装力量革命化、现代化、正规化建设，建设与保卫国家安全和发展利益需要相适应的武装力量；实施积极防御军事战略方针，防备和抵御侵略，制止武装颠覆和分裂；开展国际军事安全合作，实施联合国维和、国际救援、海上护航和维护国家海外利益的军事行动，维护国家主权、安全、领土完整、发展利益和世界和平。

第十九条　【维护经济利益】国家维护国家基本经济制度和社会主义市场经济秩序，健全预防和化解经济安全风险的制度机制，保障关系国民经济命脉的重要行业和关键领域、重点产业、重大基础设施和重大建设项目以及其他重大经济利益安全。

第二十条　【维护金融安全】国家健全金融宏观审慎管理和金融风险防范、处置机制，加强金融基础设施和基础能力建设，防范和化解系统性、区域性金融风险，防范和抵御外部金融风险的冲击。

第二十一条　【资源能源】国家合理利用和保护资源能源，有效管控战略资源能源的开发，加强战略资源能源储备，完善资源能源运输战略通道建设和安全保护措施，加强国际资源能源合作，全面提升应急保障能力，保障经济社会发展所需的资源能源持续、可靠和有效供给。

第二十二条　【粮食安全】国家健全粮食安全保障体系，保护和提高粮食综合生产能力，完善粮食储备制度、流通体系和市场调控机制，健全粮食安全预警制度，保障粮食供给和质量安全。

第二十三条　【文化发展】国家坚持社会主义先进文化前进方向，继承和弘扬中华民族优秀传统文化，培育和践行社会主义核心价值观，防范和抵制不良文化的影响，掌握意识形态领域主导权，增强文化整体实力和竞争力。

第二十四条　【技术发展】国家加强自主创新能力建设，加快发展自主可控的战略高新技术和重要领域核心关键技术，加强知识产权的运用、保护和科技保密能力建设，保障重大技术和工程的安全。

第二十五条　【网络安全】国家建设网络与信息安全保障体系，提升网络与信息安全保护能力，加强网络和信息技术的创新研究和开发应用，实现网络和信息核心技术、关键基础设施和重要领域信息系统及数据的安全可控；加强网络管理，防范、制止和依法惩治网络攻击、网络入侵、网络窃密、散布违法有害信息等网络违法犯罪行为，维护国家网络空间主权、安全和发展利益。

第二十六条　【民族政策】国家坚持和完善民族区域自治制度，巩固和发展平等团结互助和谐的社会主义民族关系。坚持各民族一律平等，加强民族交往、交流、交融，防范、制止和依法惩治民族分裂活动，维护国家统一、民族团结和社会和谐，实现各民族共同团结奋斗、共同繁荣发展。

第二十七条　【宗教政策】国家依法保护公民宗教信仰自由和

正常宗教活动，坚持宗教独立自主自办的原则，防范、制止和依法惩治利用宗教名义进行危害国家安全的违法犯罪活动，反对境外势力干涉境内宗教事务，维护正常宗教活动秩序。

国家依法取缔邪教组织，防范、制止和依法惩治邪教违法犯罪活动。

第二十八条　【反恐】国家反对一切形式的恐怖主义和极端主义，加强防范和处置恐怖主义的能力建设，依法开展情报、调查、防范、处置以及资金监管等工作，依法取缔恐怖活动组织和严厉惩治暴力恐怖活动。

第二十九条　【维护公共安全及社会安定】国家健全有效预防和化解社会矛盾的体制机制，健全公共安全体系，积极预防、减少和化解社会矛盾，妥善处置公共卫生、社会安全等影响国家安全和社会稳定的突发事件，促进社会和谐，维护公共安全和社会安定。

第三十条　【生态环境保护】国家完善生态环境保护制度体系，加大生态建设和环境保护力度，划定生态保护红线，强化生态风险的预警和防控，妥善处置突发环境事件，保障人民赖以生存发展的大气、水、土壤等自然环境和条件不受威胁和破坏，促进人与自然和谐发展。

第三十一条　【核技术】国家坚持和平利用核能和核技术，加强国际合作，防止核扩散，完善防扩散机制，加强对核设施、核材料、核活动和核废料处置的安全管理、监管和保护，加强核事故应急体系和应急能力建设，防止、控制和消除核事故对公民生命健康和生态环境的危害，不断增强有效应对和防范核威胁、核攻击的能力。

第三十二条　【外层空间、国际海底区域、极地的探索利用】国家坚持和平探索和利用外层空间、国际海底区域和极地，增强安全进出、科学考察、开发利用的能力,加强国际合作,维护我国在外层空间、国际海底区域和极地的活动、资产和其他利益的安全。

第三十三条 【保护海外利益】国家依法采取必要措施,保护海外中国公民、组织和机构的安全和正当权益,保护国家的海外利益不受威胁和侵害。

第三十四条 【完善维护】国家根据经济社会发展和国家发展利益的需要,不断完善维护国家安全的任务。

第三章 维护国家安全的职责

第三十五条 【全国人大及常委会职权】全国人民代表大会依照宪法规定,决定战争和和平的问题,行使宪法规定的涉及国家安全的其他职权。

全国人民代表大会常务委员会依照宪法规定,决定战争状态的宣布,决定全国总动员或者局部动员,决定全国或者个别省、自治区、直辖市进入紧急状态,行使宪法规定的和全国人民代表大会授予的涉及国家安全的其他职权。

第三十六条 【主席职权】中华人民共和国主席根据全国人民代表大会的决定和全国人民代表大会常务委员会的决定,宣布进入紧急状态,宣布战争状态,发布动员令,行使宪法规定的涉及国家安全的其他职权。

第三十七条 【国务院职权】国务院根据宪法和法律,制定涉及国家安全的行政法规,规定有关行政措施,发布有关决定和命令;实施国家安全法律法规和政策;依照法律规定决定省、自治区、直辖市的范围内部分地区进入紧急状态;行使宪法法律规定的和全国人民代表大会及其常务委员会授予的涉及国家安全的其他职权。

第三十八条 【中央军事委员会职权】中央军事委员会领导全

国武装力量，决定军事战略和武装力量的作战方针，统一指挥维护国家安全的军事行动，制定涉及国家安全的军事法规，发布有关决定和命令。

第三十九条　【中央国家机关职权】中央国家机关各部门按照职责分工，贯彻执行国家安全方针政策和法律法规，管理指导本系统、本领域国家安全工作。

第四十条　【地方各级人大及其常委会、人民政府、特别行政区职权】地方各级人民代表大会和县级以上地方各级人民代表大会常务委员会在本行政区域内，保证国家安全法律法规的遵守和执行。

地方各级人民政府依照法律法规规定管理本行政区域内的国家安全工作。

香港特别行政区、澳门特别行政区应当履行维护国家安全的责任。

第四十一条　【法院、检察院职权】人民法院依照法律规定行使审判权，人民检察院依照法律规定行使检察权，惩治危害国家安全的犯罪。

第四十二条　【国家安全机关、公安机关、军事机关职权】国家安全机关、公安机关依法搜集涉及国家安全的情报信息，在国家安全工作中依法行使侦查、拘留、预审和执行逮捕以及法律规定的其他职权。

有关军事机关在国家安全工作中依法行使相关职权。

第四十三条　【国家机关及其工作人员依法履行职责】国家机关及其工作人员在履行职责时，应当贯彻维护国家安全的原则。

国家机关及其工作人员在国家安全工作和涉及国家安全活动中，应当严格依法履行职责，不得超越职权、滥用职权，不得侵犯个人和组织的合法权益。

第四章　国家安全制度

第一节　一般规定

第四十四条　【统分结合、协调高效的领导机制】中央国家安全领导机构实行统分结合、协调高效的国家安全制度与工作机制。

第四十五条　【重点领域工作协调机制】国家建立国家安全重点领域工作协调机制，统筹协调中央有关职能部门推进相关工作。

第四十六条　【督促检查和责任追究机制】国家建立国家安全工作督促检查和责任追究机制，确保国家安全战略和重大部署贯彻落实。

第四十七条　【采取有效措施】各部门、各地区应当采取有效措施，贯彻实施国家安全战略。

第四十八条　【跨部门会商工作机制】国家根据维护国家安全工作需要，建立跨部门会商工作机制，就维护国家安全工作的重大事项进行会商研判，提出意见和建议。

第四十九条　【协同联动机制】国家建立中央与地方之间、部门之间、军地之间以及地区之间关于国家安全的协同联动机制。

第五十条　【决策咨询机制】国家建立国家安全决策咨询机制，组织专家和有关方面开展对国家安全形势的分析研判，推进国家安全的科学决策。

第二节　情报信息

第五十一条　【情报信息工作协调机制】国家健全统一归口、反应灵敏、准确高效、运转顺畅的情报信息收集、研判和使用制度，建立情报信息工作协调机制，实现情报信息的及时收集、准确研判、有效使用和共享。

第五十二条 【职责分工、及时上报机制】国家安全机关、公安机关、有关军事机关根据职责分工，依法搜集涉及国家安全的情报信息。

国家机关各部门在履行职责过程中，对于获取的涉及国家安全的有关信息应当及时上报。

第五十三条 【运用现代科技手段】开展情报信息工作，应当充分运用现代科学技术手段，加强对情报信息的鉴别、筛选、综合和研判分析。

第五十四条 【情报信息报送】情报信息的报送应当及时、准确、客观，不得迟报、漏报、瞒报和谎报。

第三节 风险预防、评估和预警

第五十五条 【国家安全风险预案】国家制定完善应对各领域国家安全风险预案。

第五十六条 【风险评估机制】国家建立国家安全风险评估机制，定期开展各领域国家安全风险调查评估。

有关部门应当定期向中央国家安全领导机构提交国家安全风险评估报告。

第五十七条 【风险监测预警制度】国家健全国家安全风险监测预警制度，根据国家安全风险程度，及时发布相应风险预警。

第五十八条 【报告制度】对可能即将发生或者已经发生的危害国家安全的事件，县级以上地方人民政府及其有关主管部门应当立即按照规定向上一级人民政府及其有关主管部门报告，必要时可以越级上报。

第四节 审查监管

第五十九条 【审查监管制度】国家建立国家安全审查和监管的制度和机制,对影响或者可能影响国家安全的外商投资、特定物项和关键技术、网络信息技术产品和服务、涉及国家安全事项的建设项目,以及其他重大事项和活动,进行国家安全审查,有效预防和化解国家安全风险。

第六十条 【依法审查及监督】中央国家机关各部门依照法律、行政法规行使国家安全审查职责,依法作出国家安全审查决定或者提出安全审查意见并监督执行。

第六十一条 【省、自治区、直辖市审查监管】省、自治区、直辖市依法负责本行政区域内有关国家安全审查和监管工作。

第五节 危机管控

第六十二条 【国家安全危机管控制度】国家建立统一领导、协同联动、有序高效的国家安全危机管控制度。

第六十三条 【应急预案】发生危及国家安全的重大事件,中央有关部门和有关地方根据中央国家安全领导机构的统一部署,依法启动应急预案,采取管控处置措施。

第六十四条 【特别重大事件依法采取措施】发生危及国家安全的特别重大事件,需要进入紧急状态、战争状态或者进行全国总动员、局部动员的,由全国人民代表大会、全国人民代表大会常务委员会或者国务院依照宪法和有关法律规定的权限和程序决定。

第六十五条 【特别措施】国家决定进入紧急状态、战争状态或者实施国防动员后,履行国家安全危机管控职责的有关机关依照法律规定或者全国人民代表大会常务委员会规定，有权采取限制公民和组织权利、增加公民和组织义务的特别措施。

第六十六条　【措施选择】履行国家安全危机管控职责的有关机关依法采取处置国家安全危机的管控措施，应当与国家安全危机可能造成的危害的性质、程度和范围相适应；有多种措施可供选择的，应当选择有利于最大程度保护公民、组织权益的措施。

第六十七条　【信息报告和发布机制】国家健全国家安全危机的信息报告和发布机制。

国家安全危机事件发生后，履行国家安全危机管控职责的有关机关，应当按照规定准确、及时报告，并依法将有关国家安全危机事件发生、发展、管控处置及善后情况统一向社会发布。

第六十八条　【解除措施】国家安全威胁和危害得到控制或者消除后，应当及时解除管控处置措施，做好善后工作。

第五章　国家安全保障

第六十九条　【国家安全保障体系】国家健全国家安全保障体系，增强维护国家安全的能力。

第七十条　【国家安全法律体系】国家健全国家安全法律制度体系，推动国家安全法治建设。

第七十一条　【经费和装备】国家加大对国家安全各项建设的投入，保障国家安全工作所需经费和装备。

第七十二条　【战略物资储备】承担国家安全战略物资储备任务的单位，应当按照国家有关规定和标准对国家安全物资进行收储、保管和维护，定期调整更换，保证储备物资的使用效能和安全。

第七十三条　【鼓励科技创新】鼓励国家安全领域科技创新，

发挥科技在维护国家安全中的作用。

第七十四条 【工作人员制度】国家采取必要措施，招录、培养和管理国家安全工作专门人才和特殊人才。

根据维护国家安全工作的需要，国家依法保护有关机关专门从事国家安全工作人员的身份和合法权益，加大人身保护和安置保障力度。

第七十五条 【支持配合】国家安全机关、公安机关、有关军事机关开展国家安全专门工作，可以依法采取必要手段和方式，有关部门和地方应当在职责范围内提供支持和配合。

第七十六条 【宣传教育】国家加强国家安全新闻宣传和舆论引导，通过多种形式开展国家安全宣传教育活动，将国家安全教育纳入国民教育体系和公务员教育培训体系，增强全民国家安全意识。

第六章　公民、组织的义务和权利

第七十七条 【履行义务】公民和组织应当履行下列维护国家安全的义务：

（一）遵守宪法、法律法规关于国家安全的有关规定；

（二）及时报告危害国家安全活动的线索；

（三）如实提供所知悉的涉及危害国家安全活动的证据；

（四）为国家安全工作提供便利条件或者其他协助；

（五）向国家安全机关、公安机关和有关军事机关提供必要的支持和协助；

（六）保守所知悉的国家秘密；

（七）法律、行政法规规定的其他义务。

任何个人和组织不得有危害国家安全的行为，不得向危害国家安全的个人或者组织提供任何资助或者协助。

第七十八条　【安全教育】机关、人民团体、企业事业组织和其他社会组织应当对本单位的人员进行维护国家安全的教育，动员、组织本单位的人员防范、制止危害国家安全的行为。

第七十九条　【配合义务】企业事业组织根据国家安全工作的要求，应当配合有关部门采取相关安全措施。

第八十条　【法律保护】公民和组织支持、协助国家安全工作的行为受法律保护。

因支持、协助国家安全工作，本人或者其近亲属的人身安全面临危险的，可以向公安机关、国家安全机关请求予以保护。公安机关、国家安全机关应当会同有关部门依法采取保护措施。

第八十一条　【抚恤优待】公民和组织因支持、协助国家安全工作导致财产损失的，按照国家有关规定给予补偿；造成人身伤害或者死亡的，按照国家有关规定给予抚恤优待。

第八十二条　【申诉、控告、检举权利】公民和组织对国家安全工作有向国家机关提出批评建议的权利，对国家机关及其工作人员在国家安全工作中的违法失职行为有提出申诉、控告和检举的权利。

第八十三条　【特别措施】在国家安全工作中，需要采取限制公民权利和自由的特别措施时，应当依法进行，并以维护国家安全的实际需要为限度。

第七章　附　　则

第八十四条　【施行日期】本法自公布之日起施行。

中华人民共和国网络安全法

(2016年11月7日第十二届全国人民代表大会常务委员会第二十四次会议通过 2016年11月7日中华人民共和国主席令第53号公布 自2017年6月1日起施行)

目　　录

第一章　总　　则
第二章　网络安全支持与促进
第三章　网络运行安全
　第一节　一般规定
　第二节　关键信息基础设施的运行安全
第四章　网络信息安全
第五章　监测预警与应急处置
第六章　法律责任
第七章　附　　则

第一章　总　　则

第一条　【立法目的】为了保障网络安全，维护网络空间主权和国家安全、社会公共利益，保护公民、法人和其他组织的合法权益，促进经济社会信息化健康发展，制定本法。

第二条　【适用范围】在中华人民共和国境内建设、运营、维护和使用网络，以及网络安全的监督管理，适用本法。

第三条　【方针体系】国家坚持网络安全与信息化发展并重，

遵循积极利用、科学发展、依法管理、确保安全的方针，推进网络基础设施建设和互联互通，鼓励网络技术创新和应用，支持培养网络安全人才，建立健全网络安全保障体系，提高网络安全保护能力。

第四条　【国家制定完善网络安全战略】国家制定并不断完善网络安全战略，明确保障网络安全的基本要求和主要目标，提出重点领域的网络安全政策、工作任务和措施。

第五条　【国家采取措施维护安全和秩序】国家采取措施，监测、防御、处置来源于中华人民共和国境内外的网络安全风险和威胁，保护关键信息基础设施免受攻击、侵入、干扰和破坏，依法惩治网络违法犯罪活动，维护网络空间安全和秩序。

第六条　【国家倡导形成网络良好环境】国家倡导诚实守信、健康文明的网络行为，推动传播社会主义核心价值观，采取措施提高全社会的网络安全意识和水平，形成全社会共同参与促进网络安全的良好环境。

第七条　【国家建立网络治理体系】国家积极开展网络空间治理、网络技术研发和标准制定、打击网络违法犯罪等方面的国际交流与合作，推动构建和平、安全、开放、合作的网络空间，建立多边、民主、透明的网络治理体系。

第八条　【主管部门】国家网信部门负责统筹协调网络安全工作和相关监督管理工作。国务院电信主管部门、公安部门和其他有关机关依照本法和有关法律、行政法规的规定，在各自职责范围内负责网络安全保护和监督管理工作。

县级以上地方人民政府有关部门的网络安全保护和监督管理职责，按照国家有关规定确定。

第九条　【网络运营者基本义务】网络运营者开展经营和服务活动，必须遵守法律、行政法规，尊重社会公德，遵守商业道德，诚实信用，履行网络安全保护义务，接受政府和社会的监督，承担社会责任。

第十条 【维护网络数据完整性、保密性、可用性】建设、运营网络或者通过网络提供服务，应当依照法律、行政法规的规定和国家标准的强制性要求，采取技术措施和其他必要措施，保障网络安全、稳定运行，有效应对网络安全事件，防范网络违法犯罪活动，维护网络数据的完整性、保密性和可用性。

第十一条 【网络行业组织按章程促进发展】网络相关行业组织按照章程，加强行业自律，制定网络安全行为规范，指导会员加强网络安全保护，提高网络安全保护水平，促进行业健康发展。

第十二条 【依法使用网络的权利保护与禁止行为】国家保护公民、法人和其他组织依法使用网络的权利，促进网络接入普及，提升网络服务水平，为社会提供安全、便利的网络服务，保障网络信息依法有序自由流动。

任何个人和组织使用网络应当遵守宪法法律，遵守公共秩序，尊重社会公德，不得危害网络安全，不得利用网络从事危害国家安全、荣誉和利益，煽动颠覆国家政权、推翻社会主义制度，煽动分裂国家、破坏国家统一，宣扬恐怖主义、极端主义，宣扬民族仇恨、民族歧视，传播暴力、淫秽色情信息，编造、传播虚假信息扰乱经济秩序和社会秩序，以及侵害他人名誉、隐私、知识产权和其他合法权益等活动。

第十三条 【为未成年人提供安全健康的网络环境】国家支持研究开发有利于未成年人健康成长的网络产品和服务，依法惩治利用网络从事危害未成年人身心健康的活动，为未成年人提供安全、健康的网络环境。

第十四条 【对危害网络安全的举报】任何个人和组织有权对

危害网络安全的行为向网信、电信、公安等部门举报。收到举报的部门应当及时依法作出处理；不属于本部门职责的，应当及时移送有权处理的部门。

有关部门应当对举报人的相关信息予以保密，保护举报人的合法权益。

第二章 网络安全支持与促进

第十五条　【网络安全国家标准、行业标准】国家建立和完善网络安全标准体系。国务院标准化行政主管部门和国务院其他有关部门根据各自的职责，组织制定并适时修订有关网络安全管理以及网络产品、服务和运行安全的国家标准、行业标准。

国家支持企业、研究机构、高等学校、网络相关行业组织参与网络安全国家标准、行业标准的制定。

第十六条　【政府投入与扶持】国务院和省、自治区、直辖市人民政府应当统筹规划，加大投入，扶持重点网络安全技术产业和项目，支持网络安全技术的研究开发和应用，推广安全可信的网络产品和服务，保护网络技术知识产权，支持企业、研究机构和高等学校等参与国家网络安全技术创新项目。

第十七条　【国家推进体系建设，鼓励安全服务】国家推进网络安全社会化服务体系建设，鼓励有关企业、机构开展网络安全认证、检测和风险评估等安全服务。

第十八条　【国家鼓励开发数据保护和利用技术，支持创新网络安全管理方式】国家鼓励开发网络数据安全保护和利用技术，促进公共数据资源开放，推动技术创新和经济社会发展。

国家支持创新网络安全管理方式，运用网络新技术，提升网络安全保护水平。

第十九条 【网络安全宣传教育】各级人民政府及其有关部门应当组织开展经常性的网络安全宣传教育,并指导、督促有关单位做好网络安全宣传教育工作。

大众传播媒介应当有针对性地面向社会进行网络安全宣传教育。

第二十条 【国家支持网络安全人才培养】国家支持企业和高等学校、职业学校等教育培训机构开展网络安全相关教育与培训,采取多种方式培养网络安全人才,促进网络安全人才交流。

第三章 网络运行安全

第一节 一般规定

第二十一条 【网络安全等级保护制度】国家实行网络安全等级保护制度。网络运营者应当按照网络安全等级保护制度的要求,履行下列安全保护义务,保障网络免受干扰、破坏或者未经授权的访问,防止网络数据泄露或者被窃取、篡改:

(一)制定内部安全管理制度和操作规程,确定网络安全负责人,落实网络安全保护责任;

(二)采取防范计算机病毒和网络攻击、网络侵入等危害网络安全行为的技术措施;

(三)采取监测、记录网络运行状态、网络安全事件的技术措施,并按照规定留存相关的网络日志不少于六个月;

(四)采取数据分类、重要数据备份和加密等措施;

(五)法律、行政法规规定的其他义务。

第二十二条 【网络产品、服务应当符合国家标准强制性要求】网络产品、服务应当符合相关国家标准的强制性要求。网络产品、服务的提供者不得设置恶意程序;发现其网络产品、服务存在安全缺陷、漏洞等风险时,应当立即采取补救措施,按照规定及时告知用户并向有关主管部门报告。

网络产品、服务的提供者应当为其产品、服务持续提供安全维护；在规定或者当事人约定的期限内，不得终止提供安全维护。

网络产品、服务具有收集用户信息功能的，其提供者应当向用户明示并取得同意；涉及用户个人信息的，还应当遵守本法和有关法律、行政法规关于个人信息保护的规定。

第二十三条 【网络关键设备和网络安全专用产品的认证、检测】网络关键设备和网络安全专用产品应当按照相关国家标准的强制性要求，由具备资格的机构安全认证合格或者安全检测符合要求后，方可销售或者提供。国家网信部门会同国务院有关部门制定、公布网络关键设备和网络安全专用产品目录，并推动安全认证和安全检测结果互认，避免重复认证、检测。

第二十四条 【网络运营者应当要求用户提供真实身份信息】网络运营者为用户办理网络接入、域名注册服务，办理固定电话、移动电话等入网手续，或者为用户提供信息发布、即时通讯等服务，在与用户签订协议或者确认提供服务时，应当要求用户提供真实身份信息。用户不提供真实身份信息的，网络运营者不得为其提供相关服务。

国家实施网络可信身份战略，支持研究开发安全、方便的电子身份认证技术，推动不同电子身份认证之间的互认。

第二十五条 【网络运营者应当制定、实施应急预案】网络运营者应当制定网络安全事件应急预案，及时处置系统漏洞、计算机病毒、网络攻击、网络侵入等安全风险；在发生危害网络安全的事件时，立即启动应急预案，采取相应的补救措施，并按照规定向有关主管部门报告。

第二十六条 【开展网络安全活动、向社会发布安全信息，应遵守国家规定】开展网络安全认证、检测、风险评估等活动，向社会发布系统漏洞、计算机病毒、网络攻击、网络侵入等网络安全信息，应当遵守国家有关规定。

第二十七条　【任何人不得进行危害网络安全的活动】任何个人和组织不得从事非法侵入他人网络、干扰他人网络正常功能、窃取网络数据等危害网络安全的活动；不得提供专门用于从事侵入网络、干扰网络正常功能及防护措施、窃取网络数据等危害网络安全活动的程序、工具；明知他人从事危害网络安全的活动的，不得为其提供技术支持、广告推广、支付结算等帮助。

第二十八条　【网络运营者应为公安机关、国家安全机关提供技术支持和协助】网络运营者应当为公安机关、国家安全机关依法维护国家安全和侦查犯罪的活动提供技术支持和协助。

第二十九条　【国家支持网络运营者合作】国家支持网络运营者之间在网络安全信息收集、分析、通报和应急处置等方面进行合作，提高网络运营者的安全保障能力。

有关行业组织建立健全本行业的网络安全保护规范和协作机制，加强对网络安全风险的分析评估，定期向会员进行风险警示，支持、协助会员应对网络安全风险。

第三十条　【履行职责中获取的信息，不得用于其他用途】网信部门和有关部门在履行网络安全保护职责中获取的信息，只能用于维护网络安全的需要，不得用于其他用途。

第二节　关键信息基础设施的运行安全

第三十一条　【关键信息基础设施重点保护】国家对公共通信和信息服务、能源、交通、水利、金融、公共服务、电子政务等重要行业和领域，以及其他一旦遭到破坏、丧失功能或者数据泄露，可能严重危害国家安全、国计民生、公共利益的关键信息基础设施，在网络安全等级保护制度的基础上，实行重点保护。关键信息基础设施的具体范围和安全保护办法由国务院制定。

国家鼓励关键信息基础设施以外的网络运营者自愿参与关键信息基础设施保护体系。

第三十二条 【编制、实施关键信息基础设施安全规划】按照国务院规定的职责分工，负责关键信息基础设施安全保护工作的部门分别编制并组织实施本行业、本领域的关键信息基础设施安全规划，指导和监督关键信息基础设施运行安全保护工作。

第三十三条 【关键信息基础设施建设要求】建设关键信息基础设施应当确保其具有支持业务稳定、持续运行的性能，并保证安全技术措施同步规划、同步建设、同步使用。

第三十四条 【运营者的安全保护义务】除本法第二十一条的规定外，关键信息基础设施的运营者还应当履行下列安全保护义务：

（一）设置专门安全管理机构和安全管理负责人，并对该负责人和关键岗位的人员进行安全背景审查；

（二）定期对从业人员进行网络安全教育、技术培训和技能考核；

（三）对重要系统和数据库进行容灾备份；

（四）制定网络安全事件应急预案，并定期进行演练；

（五）法律、行政法规规定的其他义务。

第三十五条 【关键信息基础设施的国家安全审查】关键信息基础设施的运营者采购网络产品和服务，可能影响国家安全的，应当通过国家网信部门会同国务院有关部门组织的国家安全审查。

第三十六条 【安全保密协议的签订】关键信息基础设施的运营者采购网络产品和服务，应当按照规定与提供者签订安全保密协议，明确安全和保密义务与责任。

第三十七条 【收集和产生的个人信息和重要数据应当在境内储存】关键信息基础设施的运营者在中华人民共和国境内运营中收集和产生的个人信息和重要数据应当在境内存储。因业务需要，确需向境外提供的，应当按照国家网信部门会同国务院有关部门制定的办法进行安全评估；法律、行政法规另有规定的，依照其规定。

第三十八条 【网络安全及风险的检测评估】关键信息基础设施的运营者应当自行或者委托网络安全服务机构对其网络的安全性和可能存在的风险每年至少进行一次检测评估，并将检测评估情况和改进措施报送相关负责关键信息基础设施安全保护工作的部门。

第三十九条 【关键信息基础设施的安全保护措施】国家网信部门应当统筹协调有关部门对关键信息基础设施的安全保护采取下列措施：

（一）对关键信息基础设施的安全风险进行抽查检测，提出改进措施，必要时可以委托网络安全服务机构对网络存在的安全风险进行检测评估；

（二）定期组织关键信息基础设施的运营者进行网络安全应急演练，提高应对网络安全事件的水平和协同配合能力；

（三）促进有关部门、关键信息基础设施的运营者以及有关研究机构、网络安全服务机构等之间的网络安全信息共享；

（四）对网络安全事件的应急处置与网络功能的恢复等，提供技术支持和协助。

第四章 网络信息安全

第四十条 【建立用户信息保护制度】网络运营者应当对其收集的用户信息严格保密，并建立健全用户信息保护制度。

第四十一条 【网络运营者对个人信息的收集、使用】网络运营者收集、使用个人信息,应当遵循合法、正当、必要的原则,公开收集、使用规则,明示收集、使用信息的目的、方式和范围,并经被收集者同意。

网络运营者不得收集与其提供的服务无关的个人信息,不得违反法律、行政法规的规定和双方的约定收集、使用个人信息,并应当依照法律、行政法规的规定和与用户的约定,处理其保存的个人信息。

第四十二条 【网络运营者应确保其收集的个人信息安全】网络运营者不得泄露、篡改、毁损其收集的个人信息;未经被收集者同意,不得向他人提供个人信息。但是,经过处理无法识别特定个人且不能复原的除外。

网络运营者应当采取技术措施和其他必要措施,确保其收集的个人信息安全,防止信息泄露、毁损、丢失。在发生或者可能发生个人信息泄露、毁损、丢失的情况时,应当立即采取补救措施,按照规定及时告知用户并向有关主管部门报告。

第四十三条 【个人有权要求对其信息予以删除或更正】个人发现网络运营者违反法律、行政法规的规定或者双方的约定收集、使用其个人信息的,有权要求网络运营者删除其个人信息;发现网络运营者收集、存储的其个人信息有错误的,有权要求网络运营者予以更正。网络运营者应当采取措施予以删除或者更正。

第四十四条 【个人和组织不得非法获取、向他人提供个人信息】任何个人和组织不得窃取或者以其他非法方式获取个人信息,不得非法出售或者非法向他人提供个人信息。

第四十五条 【部门及其工作人员的保密义务】依法负有网络安全监督管理职责的部门及其工作人员,必须对在履行职责中知悉的个人信息、隐私和商业秘密严格保密，不得泄露、出售或者非法向他人提供。

第四十六条 【个人和组织不得利用网络实施违法犯罪活动】任何个人和组织应当对其使用网络的行为负责，不得设立用于实施诈骗，传授犯罪方法，制作或者销售违禁物品、管制物品等违法犯罪活动的网站、通讯群组，不得利用网络发布涉及实施诈骗，制作或者销售违禁物品、管制物品以及其他违法犯罪活动的信息。

第四十七条 【网络运营者应当对用户发布的信息进行管理】网络运营者应当加强对其用户发布的信息的管理，发现法律、行政法规禁止发布或者传输的信息的，应当立即停止传输该信息，采取消除等处置措施，防止信息扩散，保存有关记录，并向有关主管部门报告。

第四十八条 【电子信息、应用软件不得设置恶意程序，含有禁止信息】任何个人和组织发送的电子信息、提供的应用软件，不得设置恶意程序，不得含有法律、行政法规禁止发布或者传输的信息。

电子信息发送服务提供者和应用软件下载服务提供者，应当履行安全管理义务，知道其用户有前款规定行为的，应当停止提供服务，采取消除等处置措施，保存有关记录，并向有关主管部门报告。

第四十九条 【网络信息安全投诉、举报制度】网络运营者应当建立网络信息安全投诉、举报制度，公布投诉、举报方式等信息，及时受理并处理有关网络信息安全的投诉和举报。

网络运营者对网信部门和有关部门依法实施的监督检查，应当予以配合。

第五十条 【国家网信部门和有关部门对违法信息停止传播】国家网信部门和有关部门依法履行网络信息安全监督管理职责，发现法律、行政法规禁止发布或者传输的信息的,应当要求网络运营者停止传输,采取消除等处置措施,保存有关记录;对来源于中华人民共和国境外的上述信息,应当通知有关机构采取技术措施和其他必要措施阻断传播。

第五章 监测预警与应急处置

第五十一条 【网络安全监测预警和信息通报制度】国家建立网络安全监测预警和信息通报制度。国家网信部门应当统筹协调有关部门加强网络安全信息收集、分析和通报工作,按照规定统一发布网络安全监测预警信息。

第五十二条 【关键信息网络安全监测预警和信息通报制度】负责关键信息基础设施安全保护工作的部门,应当建立健全本行业、本领域的网络安全监测预警和信息通报制度,并按照规定报送网络安全监测预警信息。

第五十三条 【网络安全风险评估及应急预案】国家网信部门协调有关部门建立健全网络安全风险评估和应急工作机制,制定网络安全事件应急预案,并定期组织演练。

负责关键信息基础设施安全保护工作的部门应当制定本行业、本领域的网络安全事件应急预案,并定期组织演练。

网络安全事件应急预案应当按照事件发生后的危害程度、影响范围等因素对网络安全事件进行分级,并规定相应的应急处置措施。

第五十四条 【应对网络安全风险采取的措施】网络安全事件发生的风险增大时,省级以上人民政府有关部门应当按照规定的权限和程序,并根据网络安全风险的特点和可能造成的危害,采取下列措施:

(一)要求有关部门、机构和人员及时收集、报告有关信息,加

强对网络安全风险的监测;

(二)组织有关部门、机构和专业人员,对网络安全风险信息进行分析评估,预测事件发生的可能性、影响范围和危害程度;

(三)向社会发布网络安全风险预警,发布避免、减轻危害的措施。

第五十五条 【网络安全事件的应对】发生网络安全事件,应当立即启动网络安全事件应急预案,对网络安全事件进行调查和评估,要求网络运营者采取技术措施和其他必要措施,消除安全隐患,防止危害扩大,并及时向社会发布与公众有关的警示信息。

第五十六条 【有关部门对网络运营者代表人或负责人约谈】省级以上人民政府有关部门在履行网络安全监督管理职责中,发现网络存在较大安全风险或者发生安全事件的,可以按照规定的权限和程序对该网络的运营者的法定代表人或者主要负责人进行约谈。网络运营者应当按照要求采取措施,进行整改,消除隐患。

第五十七条 【处置的法律依据】因网络安全事件,发生突发事件或者生产安全事故的,应当依照《中华人民共和国突发事件应对法》、《中华人民共和国安全生产法》等有关法律、行政法规的规定处置。

第五十八条 【特定区域限制网络通信】因维护国家安全和社会公共秩序,处置重大突发社会安全事件的需要,经国务院决定或者批准,可以在特定区域对网络通信采取限制等临时措施。

第六章 法律责任

第五十九条 【不履行安全保护义务的法律责任】网络运营者不履行本法第二十一条、第二十五条规定的网络安全保护义务的,由有关主管部门责令改正,给予警告;拒不改正或者导致危害网络安全等后果的,处一万元以上十万元以下罚款,对直接负责的主管人员处五千元以上五万元以下罚款。

关键信息基础设施的运营者不履行本法第三十三条、第三十四条、第三十六条、第三十八条规定的网络安全保护义务的,由有关主管部门责令改正,给予警告;拒不改正或者导致危害网络安全等后果的,处十万元以上一百万元以下罚款,对直接负责的主管人员处一万元以上十万元以下罚款。

第六十条 【设置恶意程序,对安全缺陷、漏洞未及时补救,擅自终止安全维护的法律责任】违反本法第二十二条第一款、第二款和第四十八条第一款规定,有下列行为之一的,由有关主管部门责令改正,给予警告;拒不改正或者导致危害网络安全等后果的,处五万元以上五十万元以下罚款,对直接负责的主管人员处一万元以上十万元以下罚款:

(一)设置恶意程序的;

(二)对其产品、服务存在的安全缺陷、漏洞等风险未立即采取补救措施,或者未按照规定及时告知用户并向有关主管部门报告的;

(三)擅自终止为其产品、服务提供安全维护的。

第六十一条 【违反真实身份信息制度的法律责任】网络运营者违反本法第二十四条第一款规定,未要求用户提供真实身份信息,或者对不提供真实身份信息的用户提供相关服务的,由有关主管部门责令改正;拒不改正或者情节严重的,处五万元以上五十万元以下罚款,并可以由有关主管部门责令暂停相关业务、停业整顿、关闭网站、吊销相关业务许可证或者吊销营业执照,对直接负责的主管人员和其他直接责任人员处一万元以上十万元以下罚款。

第六十二条 【违法开展网络安全活动,发布安全信息的法律责任】违反本法第二十六条规定,开展网络安全认证、检测、风险评估等活动，或者向社会发布系统漏洞、计算机病毒、网络攻击、网络侵入等网络安全信息的，由有关主管部门责令改正，给予警告；拒不改正或者情节严重的，处一万元以上十万元以下罚款，并可以由有关主管部门责令暂停相关业务、停业整顿、关闭网站、吊销相关业务许可证或者吊销营业执照，对直接负责的主管人员和其他直接责任人员处五千元以上五万元以下罚款。

第六十三条 【从事或者辅助危害网络安全活动的法律责任】 违反本法第二十七条规定，从事危害网络安全的活动，或者提供专门用于从事危害网络安全活动的程序、工具，或者为他人从事危害网络安全的活动提供技术支持、广告推广、支付结算等帮助，尚不构成犯罪的，由公安机关没收违法所得，处五日以下拘留，可以并处五万元以上五十万元以下罚款；情节较重的，处五日以上十五日以下拘留，可以并处十万元以上一百万元以下罚款。

单位有前款行为的，由公安机关没收违法所得，处十万元以上一百万元以下罚款，并对直接负责的主管人员和其他直接责任人员依照前款规定处罚。

违反本法第二十七条规定，受到治安管理处罚的人员，五年内不得从事网络安全管理和网络运营关键岗位的工作；受到刑事处罚的人员，终身不得从事网络安全管理和网络运营关键岗位的工作。

第六十四条 【侵害个人信息的法律责任】 网络运营者、网络产品或者服务的提供者违反本法第二十二条第三款、第四十一条至第四十三条规定，侵害个人信息依法得到保护的权利的，由有关主管部门责令改正，可以根据情节单处或者并处警告、没收违法所得、处违法所得一倍以上十倍以下罚款，没有违法所得的，处一百万元以下罚款，对直接负责的主管人员和其他直接责任人员处一万元以上十万元以下罚款；情节严重的，并可以责令暂停相关业务、停业整顿、关闭网站、吊销相关业务许可证或者吊销营业执照。

违反本法第四十四条规定，窃取或者以其他非法方式获取、非法出售或者非法向他人提供个人信息，尚不构成犯罪的，由公安机关没收违法所得，并处违法所得一倍以上十倍以下罚款，没有违法所得的，处一百万元以下罚款。

第六十五条 【使用未经或未通过安全审查的网络产品或服务的法律责任】关键信息基础设施的运营者违反本法第三十五条规定，使用未经安全审查或者安全审查未通过的网络产品或者服务的，由有关主管部门责令停止使用，处采购金额一倍以上十倍以下罚款；对直接负责的主管人员和其他直接责任人员处一万元以上十万元以下罚款。

第六十六条 【在境外存储或向境外提供网络数据的法律责任】关键信息基础设施的运营者违反本法第三十七条规定，在境外存储网络数据，或者向境外提供网络数据的，由有关主管部门责令改正，给予警告，没收违法所得，处五万元以上五十万元以下罚款，并可以责令暂停相关业务、停业整顿、关闭网站、吊销相关业务许可证或者吊销营业执照；对直接负责的主管人员和其他直接责任人员处一万元以上十万元以下罚款。

第六十七条 【设立用于实施违法犯罪活动的网站、通讯群组或发布违法犯罪活动信息的法律责任】违反本法第四十六条规定，设立用于实施违法犯罪活动的网站、通讯群组，或者利用网络发布涉及实施违法犯罪活动的信息，尚不构成犯罪的，由公安机关处五日以下拘留，可以并处一万元以上十万元以下罚款；情节较重的，处五日以上十五日以下拘留，可以并处五万元以上五十万元以下罚款。关闭用于实施违法犯罪活动的网站、通讯群组。

单位有前款行为的，由公安机关处十万元以上五十万元以下罚款，并对直接负责的主管人员和其他直接责任人员依照前款规定处罚。

第六十八条 【对法律法规禁止发布或传输的信息未采取处置措施的法律责任】网络运营者违反本法第四十七条规定，对法律、行政法规禁止发布或者传输的信息未停止传输、采取消除等处置措施、保存有关记录的，由有关主管部门责令改正，给予警告，没收违法所得；拒不改正或者情节严重的，处十万元以上五十万元以下罚款，并可以责令暂停相关业务、停业整顿、关闭网站、吊销相关业务许可证或者吊销营业执照，对直接负责的主管人员和其他直接责任人员处一万元以上十万元以下罚款。

电子信息发送服务提供者、应用软件下载服务提供者，不履行本法第四十八条第二款规定的安全管理义务的，依照前款规定处罚。

第六十九条 【不按要求采取处置措施，拒绝、阻碍监督检查，拒不提供技术支持协助的法律责任】网络运营者违反本法规定，有下列行为之一的，由有关主管部门责令改正；拒不改正或者情节严重的，处五万元以上五十万元以下罚款，对直接负责的主管人员和其他直接责任人员，处一万元以上十万元以下罚款：

（一）不按照有关部门的要求对法律、行政法规禁止发布或者传输的信息，采取停止传输、消除等处置措施的；

（二）拒绝、阻碍有关部门依法实施的监督检查的；

（三）拒不向公安机关、国家安全机关提供技术支持和协助的。

第七十条 【发布或传输禁止信息的法律责任】发布或者传输本法第十二条第二款和其他法律、行政法规禁止发布或者传输的信息的，依照有关法律、行政法规的规定处罚。

第七十一条 【违法行为记入信用档案】有本法规定的违法行为的，依照有关法律、行政法规的规定记入信用档案，并予以公示。

第七十二条 【国家机关政务网络运营者不履行安全保护义务

的法律责任】国家机关政务网络的运营者不履行本法规定的网络安全保护义务的,由其上级机关或者有关机关责令改正;对直接负责的主管人员和其他直接责任人员依法给予处分。

第七十三条 【网信部门和有关部门违反信息使用用途及工作人员渎职的法律责任】网信部门和有关部门违反本法第三十条规定,将在履行网络安全保护职责中获取的信息用于其他用途的,对直接负责的主管人员和其他直接责任人员依法给予处分。

网信部门和有关部门的工作人员玩忽职守、滥用职权、徇私舞弊,尚不构成犯罪的,依法给予处分。

第七十四条 【民事责任、治安处罚、刑事责任】违反本法规定,给他人造成损害的,依法承担民事责任。

违反本法规定,构成违反治安管理行为的,依法给予治安管理处罚;构成犯罪的,依法追究刑事责任。

第七十五条 【境外机构、组织、个人损害关键信息基础设施的法律责任】境外的机构、组织、个人从事攻击、侵入、干扰、破坏等危害中华人民共和国的关键信息基础设施的活动,造成严重后果的,依法追究法律责任;国务院公安部门和有关部门并可以决定对该机构、组织、个人采取冻结财产或者其他必要的制裁措施。

第七章 附 则

第七十六条 【用语含义】本法下列用语的含义:

(一)网络,是指由计算机或者其他信息终端及相关设备组成的按照一定的规则和程序对信息进行收集、存储、传输、交换、处理的系统。

(二)网络安全,是指通过采取必要措施,防范对网络的攻击、侵入、干扰、破坏和非法使用以及意外事故,使网络处于稳定可靠运行的状态，以及保障网络数据的完整性、保密性、可用性的能力。

（三）网络运营者，是指网络的所有者、管理者和网络服务提供者。

（四）网络数据，是指通过网络收集、存储、传输、处理和产生的各种电子数据。

（五）个人信息，是指以电子或者其他方式记录的能够单独或者与其他信息结合识别自然人个人身份的各种信息，包括但不限于自然人的姓名、出生日期、身份证件号码、个人生物识别信息、住址、电话号码等。

第七十七条　【涉密网络安全保护规定】存储、处理涉及国家秘密信息的网络的运行安全保护，除应当遵守本法外，还应当遵守保密法律、行政法规的规定。

第七十八条　【军事网络安全保护规定】军事网络的安全保护，由中央军事委员会另行规定。

第七十九条　【施行日期】本法自2017年6月1日起施行。

中华人民共和国密码法

（2019年10月26日第十三届全国人民代表大会常务委员会第十四次会议通过　2019年10月26日中华人民共和国主席令第35号公布　自2020年1月1日起施行）

目　　录

第一章　总　　则
第二章　核心密码、普通密码

第三章　商用密码

第四章　法律责任

第五章　附　　则

第一章　总　　则

第一条　【立法目的】为了规范密码应用和管理，促进密码事业发展，保障网络与信息安全，维护国家安全和社会公共利益，保护公民、法人和其他组织的合法权益，制定本法。

第二条　【密码的定义】本法所称密码，是指采用特定变换的方法对信息等进行加密保护、安全认证的技术、产品和服务。

第三条　【密码工作原则】密码工作坚持总体国家安全观，遵循统一领导、分级负责，创新发展、服务大局，依法管理、保障安全的原则。

第四条　【密码工作领导体制】坚持中国共产党对密码工作的领导。中央密码工作领导机构对全国密码工作实行统一领导，制定国家密码工作重大方针政策，统筹协调国家密码重大事项和重要工作，推进国家密码法治建设。

第五条　【密码工作管理体制】国家密码管理部门负责管理全国的密码工作。县级以上地方各级密码管理部门负责管理本行政区域的密码工作。

国家机关和涉及密码工作的单位在其职责范围内负责本机关、本单位或者本系统的密码工作。

第六条　【密码分类管理原则】国家对密码实行分类管理。

密码分为核心密码、普通密码和商用密码。

第七条　【核心密码、普通密码管理】核心密码、普通密码用于保护国家秘密信息，核心密码保护信息的最高密级为绝密级，普通密码保护信息的最高密级为机密级。

核心密码、普通密码属于国家秘密。密码管理部门依照本法和有关法律、行政法规、国家有关规定对核心密码、普通密码实行严格统一管理。

第八条　【商用密码管理】商用密码用于保护不属于国家秘密的信息。

公民、法人和其他组织可以依法使用商用密码保护网络与信息安全。

第九条　【密码科技进步、人才队伍建设和密码工作表彰奖励】国家鼓励和支持密码科学技术研究和应用，依法保护密码领域的知识产权，促进密码科学技术进步和创新。

国家加强密码人才培养和队伍建设，对在密码工作中作出突出贡献的组织和个人，按照国家有关规定给予表彰和奖励。

第十条　【密码安全教育】国家采取多种形式加强密码安全教育，将密码安全教育纳入国民教育体系和公务员教育培训体系，增强公民、法人和其他组织的密码安全意识。

第十一条　【密码工作规划和经费预算】县级以上人民政府应当将密码工作纳入本级国民经济和社会发展规划，所需经费列入本级财政预算。

第十二条　【禁止从事密码违法犯罪活动】任何组织或者个人不得窃取他人加密保护的信息或者非法侵入他人的密码保障系统。

任何组织或者个人不得利用密码从事危害国家安全、社会公共利益、他人合法权益等违法犯罪活动。

第二章　核心密码、普通密码

第十三条　【核心密码、普通密码管理原则】国家加强核心密码、普通密码的科学规划、管理和使用，加强制度建设，完善管理措施，增强密码安全保障能力。

第十四条　【核心密码、普通密码使用要求】在有线、无线通信中传递的国家秘密信息，以及存储、处理国家秘密信息的信息系统，应当依照法律、行政法规和国家有关规定使用核心密码、普通密码进行加密保护、安全认证。

第十五条　【核心密码、普通密码安全保密管理】从事核心密码、普通密码科研、生产、服务、检测、装备、使用和销毁等工作的机构（以下统称密码工作机构）应当按照法律、行政法规、国家有关规定以及核心密码、普通密码标准的要求，建立健全安全管理制度，采取严格的保密措施和保密责任制，确保核心密码、普通密码的安全。

第十六条　【核心密码、普通密码工作监督检查】密码管理部门依法对密码工作机构的核心密码、普通密码工作进行指导、监督和检查，密码工作机构应当配合。

第十七条　【核心密码、普通密码安全协作机制和安全问题查处】密码管理部门根据工作需要会同有关部门建立核心密码、普通密码的安全监测预警、安全风险评估、信息通报、重大事项会商和应急处置等协作机制，确保核心密码、普通密码安全管理的协同联动和有序高效。

密码工作机构发现核心密码、普通密码泄密或者影响核心密码、普通密码安全的重大问题、风险隐患的，应当立即采取应对措施，并及时向保密行政管理部门、密码管理部门报告，由保密行政管理部门、密码管理部门会同有关部门组织开展调查、处置，并指导有关密码工作机构及时消除安全隐患。

第十八条　【核心密码、普通密码工作机构和人员管理】国家加强密码工作机构建设，保障其履行工作职责。

国家建立适应核心密码、普通密码工作需要的人员录用、选调、保密、考核、培训、待遇、奖惩、交流、退出等管理制度。

第十九条 【核心密码、普通密码免检便利】密码管理部门因工作需要，按照国家有关规定，可以提请公安、交通运输、海关等部门对核心密码、普通密码有关物品和人员提供免检等便利，有关部门应当予以协助。

第二十条 【核心密码、普通密码工作人员监督和安全审查】密码管理部门和密码工作机构应当建立健全严格的监督和安全审查制度，对其工作人员遵守法律和纪律等情况进行监督，并依法采取必要措施，定期或者不定期组织开展安全审查。

第三章 商 用 密 码

第二十一条 【商用密码管理原则】国家鼓励商用密码技术的研究开发、学术交流、成果转化和推广应用，健全统一、开放、竞争、有序的商用密码市场体系，鼓励和促进商用密码产业发展。

各级人民政府及其有关部门应当遵循非歧视原则，依法平等对待包括外商投资企业在内的商用密码科研、生产、销售、服务、进出口等单位（以下统称商用密码从业单位）。国家鼓励在外商投资过程中基于自愿原则和商业规则开展商用密码技术合作。行政机关及其工作人员不得利用行政手段强制转让商用密码技术。

商用密码的科研、生产、销售、服务和进出口，不得损害国家安全、社会公共利益或者他人合法权益。

第二十二条 【商用密码标准体系】国家建立和完善商用密码标准体系。

国务院标准化行政主管部门和国家密码管理部门依据各自职责，

组织制定商用密码国家标准、行业标准。

国家支持社会团体、企业利用自主创新技术制定高于国家标准、行业标准相关技术要求的商用密码团体标准、企业标准。

第二十三条　【商用密码国际标准化】国家推动参与商用密码国际标准化活动，参与制定商用密码国际标准，推进商用密码中国标准与国外标准之间的转化运用。

国家鼓励企业、社会团体和教育、科研机构等参与商用密码国际标准化活动。

第二十四条　【商用密码标准法律效力】商用密码从业单位开展商用密码活动，应当符合有关法律、行政法规、商用密码强制性国家标准以及该从业单位公开标准的技术要求。

国家鼓励商用密码从业单位采用商用密码推荐性国家标准、行业标准，提升商用密码的防护能力，维护用户的合法权益。

第二十五条　【商用密码检测认证体系和商用密码检测、认证机构管理】国家推进商用密码检测认证体系建设，制定商用密码检测认证技术规范、规则，鼓励商用密码从业单位自愿接受商用密码检测认证，提升市场竞争力。

商用密码检测、认证机构应当依法取得相关资质，并依照法律、行政法规的规定和商用密码检测认证技术规范、规则开展商用密码检测认证。

商用密码检测、认证机构应当对其在商用密码检测认证中所知悉的国家秘密和商业秘密承担保密义务。

第二十六条　【商用密码产品和服务市场准入管理】涉及国家安全、国计民生、社会公共利益的商用密码产品，应当依法列入网络关键设备和网络安全专用产品目录，由具备资格的机构检测认证合格后，方可销售或者提供。商用密码产品检测认证适用《中华人民共和国网络安全法》的有关规定,避免重复检测认证。

商用密码服务使用网络关键设备和网络安全专用产品的,应当经商用密码认证机构对该商用密码服务认证合格。

第二十七条 【关键信息基础设施商用密码使用要求和国家安全审查】法律、行政法规和国家有关规定要求使用商用密码进行保护的关键信息基础设施,其运营者应当使用商用密码进行保护,自行或者委托商用密码检测机构开展商用密码应用安全性评估。商用密码应用安全性评估应当与关键信息基础设施安全检测评估、网络安全等级测评制度相衔接,避免重复评估、测评。

关键信息基础设施的运营者采购涉及商用密码的网络产品和服务,可能影响国家安全的,应当按照《中华人民共和国网络安全法》的规定,通过国家网信部门会同国家密码管理部门等有关部门组织的国家安全审查。

第二十八条 【商用密码进口许可和出口管制】国务院商务主管部门、国家密码管理部门依法对涉及国家安全、社会公共利益且具有加密保护功能的商用密码实施进口许可,对涉及国家安全、社会公共利益或者中国承担国际义务的商用密码实施出口管制。商用密码进口许可清单和出口管制清单由国务院商务主管部门会同国家密码管理部门和海关总署制定并公布。

大众消费类产品所采用的商用密码不实行进口许可和出口管制制度。

第二十九条 【电子政务电子认证服务管理】国家密码管理部门对采用商用密码技术从事电子政务电子认证服务的机构进行认定,会同有关部门负责政务活动中使用电子签名、数据电文的管理。

第三十条 【商用密码领域的行业协会等组织】商用密码领域的行业协会等组织依照法律、行政法规及其章程的规定,为商用密码从业单位提供信息、技术、培训等服务，引导和督促商用密码从业单位依法开展商用密码活动，加强行业自律，推动行业诚信建设，促进行业健康发展。

第三十一条 【商用密码事中事后监管和有关管理部门保密义务】密码管理部门和有关部门建立日常监管和随机抽查相结合的商用密码事中事后监管制度，建立统一的商用密码监督管理信息平台，推进事中事后监管与社会信用体系相衔接，强化商用密码从业单位自律和社会监督。

密码管理部门和有关部门及其工作人员不得要求商用密码从业单位和商用密码检测、认证机构向其披露源代码等密码相关专有信息，并对其在履行职责中知悉的商业秘密和个人隐私严格保密，不得泄露或者非法向他人提供。

第四章 法律责任

第三十二条 【从事密码违法活动的法律责任】违反本法第十二条规定，窃取他人加密保护的信息，非法侵入他人的密码保障系统，或者利用密码从事危害国家安全、社会公共利益、他人合法权益等违法活动的，由有关部门依照《中华人民共和国网络安全法》和其他有关法律、行政法规的规定追究法律责任。

第三十三条 【核心密码、普通密码使用违法的法律责任】违反本法第十四条规定，未按照要求使用核心密码、普通密码的，由密码管理部门责令改正或者停止违法行为，给予警告；情节严重的，由密码管理部门建议有关国家机关、单位对直接负责的主管人员和其他直接责任人员依法给予处分或者处理。

第三十四条 【核心密码、普通密码泄密等安全问题的法律责任】违反本法规定，发生核心密码、普通密码泄密案件的，由保密行政管理部门、密码管理部门建议有关国家机关、单位对直接负责的主管人员和其他直接责任人员依法给予处分或者处理。

违反本法第十七条第二款规定，发现核心密码、普通密码泄密或者影响核心密码、普通密码安全的重大问题、风险隐患，未立即采取应对措施，或者未及时报告的，由保密行政管理部门、密码管理部门建议有关国家机关、单位对直接负责的主管人员和其他直接责任人员依法给予处分或者处理。

第三十五条 【商用密码检测、认证违法的法律责任】商用密码检测、认证机构违反本法第二十五条第二款、第三款规定开展商用密码检测认证的，由市场监督管理部门会同密码管理部门责令改正或者停止违法行为，给予警告，没收违法所得；违法所得三十万元以上的，可以并处违法所得一倍以上三倍以下罚款；没有违法所得或者违法所得不足三十万元的，可以并处十万元以上三十万元以下罚款；情节严重的，依法吊销相关资质。

第三十六条 【商用密码产品、服务市场准入违法的法律责任】违反本法第二十六条规定，销售或者提供未经检测认证或者检测认证不合格的商用密码产品，或者提供未经认证或者认证不合格的商用密码服务的，由市场监督管理部门会同密码管理部门责令改正或者停止违法行为，给予警告，没收违法产品和违法所得；违法所得十万元以上的，可以并处违法所得一倍以上三倍以下罚款；没有违法所得或者违法所得不足十万元的，可以并处三万元以上十万元以下罚款。

第三十七条 【商用密码使用违法的法律责任】关键信息基础设施的运营者违反本法第二十七条第一款规定，未按照要求使用商用密码，或者未按照要求开展商用密码应用安全性评估的，由密码管理部门责令改正，给予警告；拒不改正或者导致危害网络安全等后果的，处十万元以上一百万元以下罚款，对直接负责的主管人员处一万元以上十万元以下罚款。

关键信息基础设施的运营者违反本法第二十七条第二款规定，使用未经安全审查或者安全审查未通过的产品或者服务的，由有关主管部门责令停止使用，处采购金额一倍以上十倍以下罚款；对直接负责的主管人员和其他直接责任人员处一万元以上十万元以下罚款。

第三十八条 【商用密码进出口违法的法律责任】违反本法第二十八条实施进口许可、出口管制的规定，进出口商用密码的，由国务院商务主管部门或者海关依法予以处罚。

第三十九条 【电子政务电子认证服务违法的法律责任】违反本法第二十九条规定，未经认定从事电子政务电子认证服务的，由密码管理部门责令改正或者停止违法行为，给予警告，没收违法产品和违法所得；违法所得三十万元以上的，可以并处违法所得一倍以上三倍以下罚款；没有违法所得或者违法所得不足三十万元的，可以并处十万元以上三十万元以下罚款。

第四十条 【密码管理部门和有关部门、单位的工作人员违法的法律责任】密码管理部门和有关部门、单位的工作人员在密码工作中滥用职权、玩忽职守、徇私舞弊，或者泄露、非法向他人提供在履行职责中知悉的商业秘密和个人隐私的，依法给予处分。

第四十一条 【违反本法行为的刑事责任和民事责任】违反本法规定，构成犯罪的，依法追究刑事责任；给他人造成损害的，依法承担民事责任。

第五章 附 则

第四十二条 【密码管理规章】国家密码管理部门依照法律、

行政法规的规定，制定密码管理规章。

第四十三条 【解放军和武警部队密码立法】中国人民解放军和中国人民武装警察部队的密码工作管理办法，由中央军事委员会根据本法制定。

第四十四条 【施行日期】本法自2020年1月1日起施行。

中华人民共和国数据安全法

（2021年6月10日第十三届全国人民代表大会常务委员会第二十九次会议通过 2021年6月10日中华人民共和国主席令第84号公布 自2021年9月1日起施行）

目 录

第一章 总 则
第二章 数据安全与发展
第三章 数据安全制度
第四章 数据安全保护义务
第五章 政务数据安全与开放
第六章 法律责任
第七章 附 则

第一章 总 则

第一条 【立法目的】为了规范数据处理活动，保障数据安全，促进数据开发利用，保护个人、组织的合法权益，维护国家主权、安全和发展利益，制定本法。

第二条　【适用范围】在中华人民共和国境内开展数据处理活动及其安全监管，适用本法。

在中华人民共和国境外开展数据处理活动，损害中华人民共和国国家安全、公共利益或者公民、组织合法权益的，依法追究法律责任。

第三条　【概念】本法所称数据，是指任何以电子或者其他方式对信息的记录。

数据处理，包括数据的收集、存储、使用、加工、传输、提供、公开等。

数据安全，是指通过采取必要措施，确保数据处于有效保护和合法利用的状态，以及具备保障持续安全状态的能力。

第四条　【数据安全保障】维护数据安全，应当坚持总体国家安全观，建立健全数据安全治理体系，提高数据安全保障能力。

第五条　【主管机关】中央国家安全领导机构负责国家数据安全工作的决策和议事协调，研究制定、指导实施国家数据安全战略和有关重大方针政策，统筹协调国家数据安全的重大事项和重要工作，建立国家数据安全工作协调机制。

第六条　【职责分工】各地区、各部门对本地区、本部门工作中收集和产生的数据及数据安全负责。

工业、电信、交通、金融、自然资源、卫生健康、教育、科技等主管部门承担本行业、本领域数据安全监管职责。

公安机关、国家安全机关等依照本法和有关法律、行政法规的规定，在各自职责范围内承担数据安全监管职责。

国家网信部门依照本法和有关法律、行政法规的规定，负责统筹协调网络数据安全和相关监管工作。

第七条　【权益保护】国家保护个人、组织与数据有关的权益，鼓励数据依法合理有效利用,保障数据依法有序自由流动,促进以数据为关键要素的数字经济发展。

第八条 【数据处理原则】开展数据处理活动,应当遵守法律、法规,尊重社会公德和伦理,遵守商业道德和职业道德,诚实守信,履行数据安全保护义务,承担社会责任,不得危害国家安全、公共利益,不得损害个人、组织的合法权益。

第九条 【宣传普及】国家支持开展数据安全知识宣传普及,提高全社会的数据安全保护意识和水平,推动有关部门、行业组织、科研机构、企业、个人等共同参与数据安全保护工作,形成全社会共同维护数据安全和促进发展的良好环境。

第十条 【加强行业自律】相关行业组织按照章程,依法制定数据安全行为规范和团体标准,加强行业自律,指导会员加强数据安全保护,提高数据安全保护水平,促进行业健康发展。

第十一条 【国际交流合作】国家积极开展数据安全治理、数据开发利用等领域的国际交流与合作,参与数据安全相关国际规则和标准的制定,促进数据跨境安全、自由流动。

第十二条 【投诉举报】任何个人、组织都有权对违反本法规定的行为向有关主管部门投诉、举报。收到投诉、举报的部门应当及时依法处理。

有关主管部门应当对投诉、举报人的相关信息予以保密,保护投诉、举报人的合法权益。

第二章 数据安全与发展

第十三条 【国家统筹】国家统筹发展和安全,坚持以数据开发利用和产业发展促进数据安全,以数据安全保障数据开发利用和产业发展。

第十四条 【数据创新应用与数字经济发展规划】国家实施大数据战略,推进数据基础设施建设,鼓励和支持数据在各行业、各领域的创新应用。

省级以上人民政府应当将数字经济发展纳入本级国民经济和社会发展规划,并根据需要制定数字经济发展规划。

第十五条 【公共服务智能化】国家支持开发利用数据提升公共服务的智能化水平。提供智能化公共服务,应当充分考虑老年人、残疾人的需求,避免对老年人、残疾人的日常生活造成障碍。

第十六条 【数据开发利用和数据安全】国家支持数据开发利用和数据安全技术研究,鼓励数据开发利用和数据安全等领域的技术推广和商业创新,培育、发展数据开发利用和数据安全产品、产业体系。

第十七条 【数据安全标准】国家推进数据开发利用技术和数据安全标准体系建设。国务院标准化行政主管部门和国务院有关部门根据各自的职责,组织制定并适时修订有关数据开发利用技术、产品和数据安全相关标准。国家支持企业、社会团体和教育、科研机构等参与标准制定。

第十八条 【数据安全检测】国家促进数据安全检测评估、认证等服务的发展,支持数据安全检测评估、认证等专业机构依法开展服务活动。

国家支持有关部门、行业组织、企业、教育和科研机构、有关专业机构等在数据安全风险评估、防范、处置等方面开展协作。

第十九条 【数据交易管理制度】国家建立健全数据交易管理制度,规范数据交易行为,培育数据交易市场。

第二十条 【专业人才培养】国家支持教育、科研机构和企业等开展数据开发利用技术和数据安全相关教育和培训,采取多种方式培养数据开发利用技术和数据安全专业人才，促进人才交流。

第三章　数据安全制度

第二十一条　【数据分类分级保护制度】国家建立数据分类分级保护制度，根据数据在经济社会发展中的重要程度，以及一旦遭到篡改、破坏、泄露或者非法获取、非法利用，对国家安全、公共利益或者个人、组织合法权益造成的危害程度，对数据实行分类分级保护。国家数据安全工作协调机制统筹协调有关部门制定重要数据目录，加强对重要数据的保护。

关系国家安全、国民经济命脉、重要民生、重大公共利益等数据属于国家核心数据，实行更加严格的管理制度。

各地区、各部门应当按照数据分类分级保护制度，确定本地区、本部门以及相关行业、领域的重要数据具体目录，对列入目录的数据进行重点保护。

第二十二条　【数据安全风险评估、报告、信息共享、监测预警机制】国家建立集中统一、高效权威的数据安全风险评估、报告、信息共享、监测预警机制。国家数据安全工作协调机制统筹协调有关部门加强数据安全风险信息的获取、分析、研判、预警工作。

第二十三条　【数据安全应急处置机制】国家建立数据安全应急处置机制。发生数据安全事件，有关主管部门应当依法启动应急预案，采取相应的应急处置措施，防止危害扩大，消除安全隐患，并及时向社会发布与公众有关的警示信息。

第二十四条　【数据安全审查制度】国家建立数据安全审查制度，对影响或者可能影响国家安全的数据处理活动进行国家安全审查。

依法作出的安全审查决定为最终决定。

第二十五条　【出口管制】国家对与维护国家安全和利益、履行国际义务相关的属于管制物项的数据依法实施出口管制。

第二十六条　【对等措施】任何国家或者地区在与数据和数据开发利用技术等有关的投资、贸易等方面对中华人民共和国采取歧视性的禁止、限制或者其他类似措施的，中华人民共和国可以根据实际情况对该国家或者地区对等采取措施。

第四章　数据安全保护义务

第二十七条　【全流程数据安全管理制度】开展数据处理活动应当依照法律、法规的规定，建立健全全流程数据安全管理制度，组织开展数据安全教育培训，采取相应的技术措施和其他必要措施，保障数据安全。利用互联网等信息网络开展数据处理活动，应当在网络安全等级保护制度的基础上，履行上述数据安全保护义务。

重要数据的处理者应当明确数据安全负责人和管理机构，落实数据安全保护责任。

第二十八条　【数据处理原则】开展数据处理活动以及研究开发数据新技术，应当有利于促进经济社会发展，增进人民福祉，符合社会公德和伦理。

第二十九条　【风险监测】开展数据处理活动应当加强风险监测，发现数据安全缺陷、漏洞等风险时，应当立即采取补救措施；发生数据安全事件时，应当立即采取处置措施，按照规定及时告知用户并向有关主管部门报告。

第三十条　【风险评估】重要数据的处理者应当按照规定对其数据处理活动定期开展风险评估，并向有关主管部门报送风险评估报告。

风险评估报告应当包括处理的重要数据的种类、数量，开展数据处理活动的情况,面临的数据安全风险及其应对措施等。

第三十一条 【出境安全管理】关键信息基础设施的运营者在中华人民共和国境内运营中收集和产生的重要数据的出境安全管理,适用《中华人民共和国网络安全法》的规定;其他数据处理者在中华人民共和国境内运营中收集和产生的重要数据的出境安全管理办法,由国家网信部门会同国务院有关部门制定。

第三十二条 【数据收集方式】任何组织、个人收集数据,应当采取合法、正当的方式,不得窃取或者以其他非法方式获取数据。

法律、行政法规对收集、使用数据的目的、范围有规定的,应当在法律、行政法规规定的目的和范围内收集、使用数据。

第三十三条 【数据交易中介义务】从事数据交易中介服务的机构提供服务,应当要求数据提供方说明数据来源,审核交易双方的身份,并留存审核、交易记录。

第三十四条 【行政许可】法律、行政法规规定提供数据处理相关服务应当取得行政许可的,服务提供者应当依法取得许可。

第三十五条 【依法调取数据】公安机关、国家安全机关因依法维护国家安全或者侦查犯罪的需要调取数据,应当按照国家有关规定,经过严格的批准手续,依法进行,有关组织、个人应当予以配合。

第三十六条 【平等互惠原则】中华人民共和国主管机关根据有关法律和中华人民共和国缔结或者参加的国际条约、协定,或者按照平等互惠原则,处理外国司法或者执法机构关于提供数据的请求。非经中华人民共和国主管机关批准,境内的组织、个人不得向外国司法或者执法机构提供存储于中华人民共和国境内的数据。

第五章 政务数据安全与开放

第三十七条 【推进电子政务建设】国家大力推进电子政务建

设，提高政务数据的科学性、准确性、时效性，提升运用数据服务经济社会发展的能力。

第三十八条 【保密义务】国家机关为履行法定职责的需要收集、使用数据，应当在其履行法定职责的范围内依照法律、行政法规规定的条件和程序进行；对在履行职责中知悉的个人隐私、个人信息、商业秘密、保密商务信息等数据应当依法予以保密，不得泄露或者非法向他人提供。

第三十九条 【数据安全管理制度】国家机关应当依照法律、行政法规的规定，建立健全数据安全管理制度，落实数据安全保护责任，保障政务数据安全。

第四十条 【数据安全保护】国家机关委托他人建设、维护电子政务系统，存储、加工政务数据，应当经过严格的批准程序，并应当监督受托方履行相应的数据安全保护义务。受托方应当依照法律、法规的规定和合同约定履行数据安全保护义务，不得擅自留存、使用、泄露或者向他人提供政务数据。

第四十一条 【政务数据公开原则】国家机关应当遵循公正、公平、便民的原则，按照规定及时、准确地公开政务数据。依法不予公开的除外。

第四十二条 【政务数据开放】国家制定政务数据开放目录，构建统一规范、互联互通、安全可控的政务数据开放平台，推动政务数据开放利用。

第四十三条 【本章适用】法律、法规授权的具有管理公共事务职能的组织为履行法定职责开展数据处理活动，适用本章规定。

第六章 法律责任

第四十四条 【约谈、整改】有关主管部门在履行数据安全监管职责中，发现数据处理活动存在较大安全风险的，可以按照规定的权限和程序对有关组织、个人进行约谈，并要求有关组织、个人采取措施进行整改，消除隐患。

第四十五条 【违反数据安全保护义务及国家核心数据管理制度的法律责任】开展数据处理活动的组织、个人不履行本法第二十七条、第二十九条、第三十条规定的数据安全保护义务的，由有关主管部门责令改正，给予警告，可以并处五万元以上五十万元以下罚款，对直接负责的主管人员和其他直接责任人员可以处一万元以上十万元以下罚款；拒不改正或者造成大量数据泄露等严重后果的，处五十万元以上二百万元以下罚款，并可以责令暂停相关业务、停业整顿、吊销相关业务许可证或者吊销营业执照，对直接负责的主管人员和其他直接责任人员处五万元以上二十万元以下罚款。

违反国家核心数据管理制度，危害国家主权、安全和发展利益的，由有关主管部门处二百万元以上一千万元以下罚款，并根据情况责令暂停相关业务、停业整顿、吊销相关业务许可证或者吊销营业执照；构成犯罪的，依法追究刑事责任。

第四十六条 【违法向境外提供重要数据的法律责任】违反本法第三十一条规定，向境外提供重要数据的，由有关主管部门责令改正，给予警告，可以并处十万元以上一百万元以下罚款，对直接负责的主管人员和其他直接责任人员可以处一万元以上十万元以下罚款；情节严重的，处一百万元以上一千万元以下罚款，并可以责令暂停相关业务、停业整顿、吊销相关业务许可证或者吊销营业执照，对直接负责的主管人员和其他直接责任人员处十万元以上一百万元以下罚款。

第四十七条 【中介机构违法责任】从事数据交易中介服务的机构未履行本法第三十三条规定的义务的，由有关主管部门责令改正,没收违法所得,处违法所得一倍以上十倍以下罚款,没有违法所得或者违法所得不足十万元的,处十万元以上一百万元以下罚款,并可以责令暂停相关业务、停业整顿、吊销相关业务许可证或者吊销营业执照;对直接负责的主管人员和其他直接责任人员处一万元以上十万元以下罚款。

第四十八条 【不配合数据调取及未经批准向外国机构提供数据的法律责任】 违反本法第三十五条规定,拒不配合数据调取的,由有关主管部门责令改正,给予警告,并处五万元以上五十万元以下罚款,对直接负责的主管人员和其他直接责任人员处一万元以上十万元以下罚款。

违反本法第三十六条规定,未经主管机关批准向外国司法或者执法机构提供数据的,由有关主管部门给予警告,可以并处十万元以上一百万元以下罚款,对直接负责的主管人员和其他直接责任人员可以处一万元以上十万元以下罚款;造成严重后果的,处一百万元以上五百万元以下罚款,并可以责令暂停相关业务、停业整顿、吊销相关业务许可证或者吊销营业执照,对直接负责的主管人员和其他直接责任人员处五万元以上五十万元以下罚款。

第四十九条 【国家机关未履行数据安全保护义务的法律责任】 国家机关不履行本法规定的数据安全保护义务的,对直接负责的主管人员和其他直接责任人员依法给予处分。

第五十条 【渎职】 履行数据安全监管职责的国家工作人员玩忽职守、滥用职权、徇私舞弊的,依法给予处分。

第五十一条 【非法获取数据的法律责任】 窃取或者以其他非法方式获取数据,开展数据处理活动排除、限制竞争,或者损害个人、组织合法权益的,依照有关法律、行政法规的规定处罚。

第五十二条 【民事、刑事责任】 违反本法规定,给他人造成损害的,依法承担民事责任。

违反本法规定,构成违反治安管理行为的,依法给予治安管理处罚;构成犯罪的,依法追究刑事责任。

第七章 附　则

第五十三条　【相关法律适用】开展涉及国家秘密的数据处理活动,适用《中华人民共和国保守国家秘密法》等法律、行政法规的规定。

在统计、档案工作中开展数据处理活动,开展涉及个人信息的数据处理活动,还应当遵守有关法律、行政法规的规定。

第五十四条　【立法委任】军事数据安全保护的办法,由中央军事委员会依据本法另行制定。

第五十五条　【施行日期】本法自 2021 年 9 月 1 日起施行。

国家秘密定密管理暂行规定

(2014 年 3 月 9 日国家保密局令 2014 年第 1 号公布
自公布之日起施行)

第一章 总　则

第一条　为加强国家秘密定密管理,规范定密行为,根据《中华人民共和国保守国家秘密法》(以下简称保密法)及其实施条例,制定本规定。

第二条　本规定所称定密,是指国家机关和涉及国家秘密的单位(以下简称机关、单位)依法确定、变更和解除国家秘密的活动。

第三条 机关、单位定密以及定密责任人的确定、定密授权和定密监督等工作，适用本规定。

第四条 机关、单位定密应当坚持最小化、精准化原则，做到权责明确、依据充分、程序规范、及时准确，既确保国家秘密安全，又便利信息资源合理利用。

第五条 机关、单位应当依法开展定密工作，建立健全相关管理制度，定期组织培训和检查，接受保密行政管理部门和上级机关、单位或者业务主管部门的指导和监督。

第二章 定密授权

第六条 中央国家机关、省级机关以及设区的市、自治州一级的机关（以下简称授权机关）可以根据工作需要或者机关、单位申请作出定密授权。

保密行政管理部门应当将授权机关名单在有关范围内公布。

第七条 中央国家机关可以在主管业务工作范围内作出授予绝密级、机密级和秘密级国家秘密定密权的决定。省级机关可以在主管业务工作范围内或者本行政区域内作出授予绝密级、机密级和秘密级国家秘密定密权的决定。设区的市、自治州一级的机关可以在主管业务工作范围内或者本行政区域内作出授予机密级和秘密级国家秘密定密权的决定。

定密授权不得超出授权机关的定密权限。被授权机关、单位不得再行授权。

第八条 授权机关根据工作需要，可以对承担本机关定密权限内的涉密科研、生产或者其他涉密任务的机关、单位，就具体事项作出定密授权。

第九条 没有定密权但经常产生国家秘密事项的机关、单位，或者虽有定密权但经常产生超出其定密权限的国家秘密事项的机关、单位,可以向授权机关申请定密授权。

机关、单位申请定密授权,应当向其上级业务主管部门提出;没有上级业务主管部门的,应当向其上级机关提出。

机关、单位申请定密授权,应当书面说明拟申请的定密权限、事项范围、授权期限以及申请依据和理由。

第十条　授权机关收到定密授权申请后,应当依照保密法律法规和国家秘密及其密级的具体范围(以下简称保密事项范围)进行审查。对符合授权条件的,应当作出定密授权决定;对不符合授权条件的,应当作出不予授权的决定。

定密授权决定应当以书面形式作出,明确被授权机关、单位的名称和具体定密权限、事项范围、授权期限。

第十一条　授权机关应当对被授权机关、单位行使所授定密权情况进行监督,对发现的问题及时纠正。

保密行政管理部门发现定密授权不当或者被授权机关、单位对所授定密权行使不当的,应当通知有关机关、单位纠正。

第十二条　被授权机关、单位不再经常产生授权范围内的国家秘密事项,或者因保密事项范围调整授权事项不再作为国家秘密的,授权机关应当及时撤销定密授权。

因保密事项范围调整授权事项密级发生变化的,授权机关应当重新作出定密授权。

第十三条　中央国家机关、省级机关作出的授权决定和撤销授权决定,报国家保密行政管理部门备案。设区的市、自治州一级的机关作出的授权决定和撤销授权决定,报省、自治区、直辖市保密行政管理部门备案。

机关、单位收到定密授权决定或者撤销定密授权决定后,应当报同级保密行政管理部门备案。

第三章 定密责任人

第十四条 机关、单位负责人为本机关、本单位的定密责任人，对定密工作负总责。

根据工作需要，机关、单位负责人可以指定本机关、本单位其他负责人、内设机构负责人或者其他工作人员为定密责任人，并明确相应的定密权限。

机关、单位指定的定密责任人应当熟悉涉密业务工作，符合在涉密岗位工作的基本条件。

第十五条 机关、单位应当在本机关、本单位内部公布定密责任人名单及其定密权限，并报同级保密行政管理部门备案。

第十六条 机关、单位定密责任人和承办人应当接受定密培训，熟悉定密职责和保密事项范围，掌握定密程序和方法。

第十七条 机关、单位负责人发现其指定的定密责任人未依法履行定密职责的，应当及时纠正；有下列情形之一的，应当作出调整：

（一）定密不当，情节严重的；

（二）因离岗离职无法继续履行定密职责的；

（三）保密行政管理部门建议调整的；

（四）因其他原因不宜从事定密工作的。

第四章 国家秘密确定

第十八条 机关、单位确定国家秘密应当依据保密事项范围进行。保密事项范围没有明确规定但属于保密法第九条、第十条规定情形的，应当确定为国家秘密。

第十九条　下列事项不得确定为国家秘密：

（一）需要社会公众广泛知晓或者参与的；

（二）属于工作秘密、商业秘密、个人隐私的；

（三）已经依法公开或者无法控制知悉范围的；

（四）法律、法规或者国家有关规定要求公开的。

第二十条　机关、单位对所产生的国家秘密事项有定密权的，应当依法确定密级、保密期限和知悉范围。没有定密权的，应当先行采取保密措施，并立即报请有定密权的上级机关、单位确定；没有上级机关、单位的，应当立即提请有相应定密权限的业务主管部门或者保密行政管理部门确定。

机关、单位执行上级机关、单位或者办理其他机关、单位已定密事项所产生的国家秘密事项，根据所执行或者办理的国家秘密事项确定密级、保密期限和知悉范围。

第二十一条　机关、单位确定国家秘密，应当依照法定程序进行并作出书面记录，注明承办人、定密责任人和定密依据。

第二十二条　国家秘密具体的保密期限一般应当以日、月或者年计；不能确定具体的保密期限的，应当确定解密时间或者解密条件。国家秘密的解密条件应当明确、具体、合法。

除保密事项范围有明确规定外，国家秘密的保密期限不得确定为长期。

第二十三条　国家秘密的知悉范围应当在国家秘密载体上标明。不能标明的，应当书面通知知悉范围内的机关、单位或者人员。

第二十四条　国家秘密一经确定，应当同时在国家秘密载体上作出国家秘密标志。国家秘密标志形式为"密级★保密期限"、"密级★解密时间"或者"密级★解密条件"。

在纸介质和电子文件国家秘密载体上作出国家秘密标志的，应当符合有关国家标准。没有国家标准的，应当标注在封面左上角或者标题下方的显著位置。光介质、电磁介质等国家秘密载体和属于国家秘密的设备、产品的国家秘密标志，应当标注在壳体及封面、外包装的显著位置。

国家秘密标志应当与载体不可分离，明显并易于识别。

无法作出或者不宜作出国家秘密标志的，确定该国家秘密的机关、单位应当书面通知知悉范围内的机关、单位或者人员。凡未标明保密期限或者解密条件，且未作书面通知的国家秘密事项，其保密期限按照绝密级事项三十年、机密级事项二十年、秘密级事项十年执行。

第二十五条 两个以上机关、单位共同产生的国家秘密事项，由主办该事项的机关、单位征求协办机关、单位意见后确定。

临时性工作机构的定密工作，由承担该机构日常工作的机关、单位负责。

第五章　国家秘密变更

第二十六条 有下列情形之一的，机关、单位应当对所确定国家秘密事项的密级、保密期限或者知悉范围及时作出变更：

（一）定密时所依据的法律法规或者保密事项范围发生变化的；

（二）泄露后对国家安全和利益的损害程度发生明显变化的。

必要时，上级机关、单位或者业务主管部门可以直接变更下级机关、单位确定的国家秘密事项的密级、保密期限或者知悉范围。

第二十七条 机关、单位认为需要延长所确定国家秘密事项保密期限的，应当在保密期限届满前作出决定；延长保密期限使累计保密期限超过保密事项范围规定的，应当报规定该保密事项范围的中央有关机关批准，中央有关机关应当在接到报告后三十日内作出决定。

第二十八条　国家秘密知悉范围内的机关、单位，其有关工作人员不在知悉范围内，但因工作需要知悉国家秘密的，应当经机关、单位负责人批准。

国家秘密知悉范围以外的机关、单位及其人员，因工作需要知悉国家秘密的，应当经原定密机关、单位同意。

原定密机关、单位对扩大知悉范围有明确规定的，应当遵守其规定。

扩大国家秘密知悉范围应当作出详细记录。

第二十九条　国家秘密变更按照国家秘密确定程序进行并作出书面记录。

国家秘密变更后，原定密机关、单位应当及时在原国家秘密标志附近重新作出国家秘密标志。

第三十条　机关、单位变更国家秘密的密级、保密期限或者知悉范围的，应当书面通知知悉范围内的机关、单位或者人员。有关机关、单位或者人员接到通知后，应当在国家秘密标志附近标明变更后的密级、保密期限和知悉范围。

延长保密期限的书面通知，应当于原定保密期限届满前送达知悉范围内的机关、单位或者人员。

第六章　国家秘密解除

第三十一条　机关、单位应当每年对所确定的国家秘密进行审核，有下列情形之一的，及时解密：

（一）保密法律法规或者保密事项范围调整后，不再属于国家秘密的；

（二）公开后不会损害国家安全和利益，不需要继续保密的。

机关、单位经解密审核，对本机关、本单位或者下级机关、单位尚在保密期限内的国家秘密事项决定公开的，正式公布即视为解密。

第三十二条　国家秘密的具体保密期限已满、解密时间已到或者符合解密条件的，自行解密。

第三十三条　保密事项范围明确规定保密期限为长期的国家秘密事项，机关、单位不得擅自解密；确需解密的，应当报规定该保密事项范围的中央有关机关批准，中央有关机关应当在接到报告后三十日内作出决定。

第三十四条　除自行解密的外，国家秘密解除应当按照国家秘密确定程序进行并作出书面记录。

国家秘密解除后，有关机关、单位或者人员应当及时在原国家秘密标志附近作出解密标志。

第三十五条　除自行解密和正式公布的外，机关、单位解除国家秘密，应当书面通知知悉范围内的机关、单位或者人员。

第三十六条　机关、单位对所产生的国家秘密事项，解密之后需要公开的，应当依照信息公开程序进行保密审查。

机关、单位对已解密的不属于本机关、本单位产生的国家秘密事项，需要公开的，应当经原定密机关、单位同意。

机关、单位公开已解密的文件资料，不得保留国家秘密标志。对国家秘密标志以及属于敏感信息的内容，应当作删除、遮盖等处理。

第三十七条　机关、单位对拟移交各级国家档案馆的尚在保密期限内的国家秘密档案，应当进行解密审核，对本机关、本单位产生的符合解密条件的档案，应当予以解密。

已依法移交各级国家档案馆的属于国家秘密的档案，其解密办法由国家保密行政管理部门会同国家档案行政管理部门另行制定。

第七章　定密监督

第三十八条　机关、单位应当定期对本机关、本单位定密以及定密责任人履行职责、定密授权等定密制度落实情况进行检查，对发现的问题及时纠正。

第三十九条　机关、单位应当向同级保密行政管理部门报告本机关、本单位年度国家秘密事项统计情况。

下一级保密行政管理部门应当向上一级保密行政管理部门报告本行政区域年度定密工作情况。

第四十条　中央国家机关应当依法对本系统、本行业的定密工作进行指导和监督。

上级机关、单位或者业务主管部门发现下级机关、单位定密不当的，应当及时通知其纠正，也可以直接作出确定、变更或者解除的决定。

第四十一条　保密行政管理部门应当依法对机关、单位定密工作进行指导、监督和检查，对发现的问题及时纠正或者责令整改。

第八章　法律责任

第四十二条　定密责任人和承办人违反本规定，有下列行为之一的，机关、单位应当及时纠正并进行批评教育；造成严重后果的，依纪依法给予处分：

（一）应当确定国家秘密而未确定的；

（二）不应当确定国家秘密而确定的；

（三）超出定密权限定密的；

（四）未按照法定程序定密的；

（五）未按规定标注国家秘密标志的；

（六）未按规定变更国家秘密的密级、保密期限、知悉范围的；

（七）未按要求开展解密审核的；

（八）不应当解除国家秘密而解除的；

（九）应当解除国家秘密而未解除的；

（十）违反本规定的其他行为。

第四十三条 机关、单位未依法履行定密管理职责，导致定密工作不能正常进行的，应当给予通报批评；造成严重后果的，应当依法追究直接负责的主管人员和其他直接责任人员的责任。

第九章　附　　则

第四十四条 本规定下列用语的含义：

（一）"中央国家机关"包括中国共产党中央机关及部门、各民主党派中央机关、全国人大机关、全国政协机关、最高人民法院、最高人民检察院，国务院及其组成部门、直属特设机构、直属机构、办事机构、直属事业单位、部委管理国家局，以及中央机构编制管理部门直接管理机构编制的群众团体机关；

（二）"省级机关"包括省（自治区、直辖市）党委、人大、政府、政协机关，以及人民法院、人民检察院；

（三）"设区的市和自治州一级的机关"包括地（市、州、盟、区）党委、人大、政府、政协机关，以及人民法院、人民检察院，省（自治区、直辖市）直属机关和人民团体，中央国家机关设在省（自治区、直辖市）的直属机构，省（自治区、直辖市）在地区、盟设立的派出机构；

（四）第九条所指"经常"，是指近三年来年均产生六件以上国家秘密事项的情形。

第四十五条 各地区各部门可以依据本规定，制定本地区本部门国家秘密定密管理的具体办法。

第四十六条　公安、国家安全机关定密授权和定密责任人确定的具体办法，由国家保密行政管理部门会同国务院公安、国家安全部门另行制定。

第四十七条　本规定自公布之日起施行。1990年9月19日国家保密局令第2号发布的《国家秘密保密期限的规定》和1990年10月6日国家保密局、国家技术监督局令第3号发布的《国家秘密文件、资料和其他物品标志的规定》同时废止。

保密事项范围制定、修订和使用办法

(2017年3月9日国家保密局令2017年第1号公布
自2017年4月1日起施行)

第一章　总　　则

第一条　为规范国家秘密及其密级的具体范围（以下简称保密事项范围）的制定、修订和使用工作，根据《中华人民共和国保守国家秘密法》（以下简称保密法）及其实施条例，制定本办法。

第二条　保密事项范围由国家保密行政管理部门分别会同外交、公安、国家安全和其他中央有关机关制定、修订。

第三条　制定、修订保密事项范围应当从维护国家安全和利益出发，适应经济社会发展要求，以保密法确定的国家秘密基本范围为遵循，区分不同行业、领域，科学准确划定。

第四条　国家机关和涉及国家秘密的单位（以下简称机关、单位）应当严格依据保密事项范围，规范准确定密，不得比照类推、擅自扩大或者缩小国家秘密事项范围。

第五条 国家保密行政管理部门负责对保密事项范围制定、修订和使用工作进行指导监督。中央有关机关负责组织制定、修订本行业、本领域保密事项范围，并对使用工作进行指导监督。地方各级保密行政管理部门负责对本行政区域内机关、单位使用保密事项范围工作进行指导监督。

第二章 保密事项范围的形式、内容

第六条 保密事项范围名称为"××工作国家秘密范围的规定"，包括正文和目录。

第七条 正文应当以条款形式规定保密事项范围的制定依据，本行业、本领域国家秘密的基本范围，与其他保密事项范围的关系，解释机关和施行日期等内容。

第八条 目录作为规定的附件，名称为"××工作国家秘密目录"，应当以表格形式列明国家秘密具体事项及其密级、保密期限（解密时间或者解密条件）、产生层级、知悉范围等内容。

第九条 目录规定的国家秘密事项的密级应当为确定的密级。除解密时间和解密条件外，目录规定的保密期限应当为最长保密期限。国家秘密事项的产生层级能够明确的，知悉范围能够限定到机关、单位或者具体岗位的，目录应当作出列举。

对专业性强、弹性较大的条目或者名词，目录应当以备注形式作出说明。

第十条 保密事项范围内容属于国家秘密的，应当根据保密法有关规定确定密级和保密期限。

未经保密事项范围制定机关同意，机关、单位不得擅自公开或者对外提供保密事项范围。

第三章　保密事项范围的制定、修订程序

第十一条　有下列情形的,中央有关机关应当与国家保密行政管理部门会商,组织制定或者修订保密事项范围:

(一)主管行业、领域经常产生国家秘密、尚未制定保密事项范围的;

(二)保密事项范围内容已不适应实际工作需要的;

(三)保密事项范围内容与法律法规规定不相符合的;

(四)因机构改革或者调整,影响保密事项范围适用的;

(五)其他应当制定或者修订的情形。

其他机关、单位认为有上述情形,需要制定、修订保密事项范围的,可以向国家保密行政管理部门或者中央有关机关提出建议。

第十二条　保密事项范围由主管相关行业、领域工作的中央有关机关负责起草;涉及多个部门或者行业、领域的,由承担主要职能的中央有关机关牵头负责起草;不得委托社会中介机构及其他社会组织或者个人起草。

国家保密行政管理部门、中央有关机关应当定期对起草工作进行研究会商。

第十三条　中央有关机关起草保密事项范围,应当进行调查研究,总结梳理本行业、本领域国家秘密事项,广泛征求有关机关、单位和相关领域专家意见。

第十四条　中央有关机关完成起草工作后,应当将保密事项范围送审稿送国家保密行政管理部门审核,同时提交下列材料:

(一)保密事项范围送审稿的说明;

(二)有关机关、单位或者相关领域专家的意见;

(三)其他有关材料,主要包括所在行业、领域国家秘密事项总

结梳理情况等。

第十五条　国家保密行政管理部门对保密事项范围送审稿应当从以下方面进行审核：

（一）形式是否符合本办法规定；

（二）所列事项是否符合保密法关于国家秘密的规定；

（三）所列事项是否涵盖所在行业、领域国家秘密；

（四）所列事项是否属于法律法规要求公开或者其他不得确定为国家秘密的事项；

（五）所列事项表述是否准确、规范并具有可操作性；

（六）是否与其他保密事项范围协调、衔接；

（七）其他需要审核的内容。

国家保密行政管理部门可以组织有关专家对保密事项范围送审稿进行评议，听取意见。

第十六条　国家保密行政管理部门审核认为保密事项范围送审稿需要作出修改的，应当与中央有关机关会商议定；需要进一步征求意见的，应当征求有关机关、单位意见；无需修改的，应当会同中央有关机关形成保密事项范围草案和草案说明，并启动会签程序。

第十七条　保密事项范围应当由国家保密行政管理部门、中央有关机关主要负责人共同签署批准。

第十八条　保密事项范围使用中央有关机关的发文字号印发。印发时，应当严格控制发放范围，并注明能否转发以及转发范围。

第四章　保密事项范围的使用

第十九条　机关、单位定密应当符合保密事项范围目录的规定。

第二十条　机关、单位依据保密事项范围目录定密，应当遵循下列要求：

（一）密级应当严格按照目录的规定确定，不得高于或者低于规定的密级；

（二）保密期限应当在目录规定的最长保密期限内合理确定，不得超出最长保密期限；目录明确规定解密条件或解密时间的，从其规定；

（三）知悉范围应当依据目录的规定，根据工作需要限定到具体人员；不能限定到具体人员的，应当限定到具体单位、部门或者岗位。

第二十一条　机关、单位可以依据本行业、本领域和相关行业、领域保密事项范围目录，整理制定国家秘密事项一览表（细目），详细列举本机关、本单位产生的国家秘密事项的具体内容、密级、保密期限（解密条件或者解密时间）、产生部门或者岗位、知悉人员以及载体形式等。

国家秘密事项一览表（细目），应当经本机关、本单位审定后实施，并报同级保密行政管理部门备案。

第二十二条　机关、单位对符合保密法规定，但保密事项范围正文和目录没有规定的不明确事项，应当按照保密法实施条例第十九条的规定办理。

第二十三条　保密行政管理部门进行密级鉴定，需要适用保密事项范围的，应当以保密事项范围的目录作为依据；直接适用正文的，应当征求制定保密事项范围的中央有关机关意见。

第二十四条　中央有关机关应当加强对本行业、本领域保密事项范围使用的教育培训，确保所在行业、领域准确理解保密事项范围的内容、使用要求。

机关、单位应当将保密事项范围的学习、使用纳入定密培训内容，确保定密责任人和承办人熟悉并准确掌握相关保密事项范围内容，严格依据保密事项范围定密。

第二十五条　保密行政管理部门应当加强对机关、单位使用保密事项范围情况的监督检查，发现保密事项范围使用不当的，应当及时通知机关、单位予以纠正。

第五章　保密事项范围的解释、清理

第二十六条　有下列情形的，中央有关机关应当会同国家保密行政管理部门对保密事项范围作出书面解释：

（一）目录内容需要明确具体含义的；

（二）有关事项在目录中没有规定但符合正文规定情形，需要明确适用条件、适用范围的；

（三）不同保密事项范围对同类事项规定不一致的；

（四）其他需要作出解释的情形。

保密事项范围的解释和保密事项范围具有同等效力。

第二十七条　机关、单位认为保密事项范围存在本办法第二十六条规定情形的，可以建议保密事项范围制定机关作出解释。

第二十八条　保密事项范围的解释参照制定、修订程序作出。除涉及特殊国家秘密事项、需控制知悉范围的，应当按照保密事项范围印发范围发放。

第二十九条　国家保密行政管理部门、中央有关机关应当每五年对保密事项范围及其解释进行一次清理，也可以根据工作需要适时组织清理，并作出继续有效、进行修订、宣布废止等处理；对属于国家秘密的保密事项范围及其解释，应当同时作出是否解密的决定。

第三十条　保密事项范围部分内容宣布废止、失效或者由其他保密事项范围替代的，不影响该保密事项范围其他部分的效力。

第六章 附 则

第三十一条 本办法施行前制定实施的保密事项范围,没有目录的应当即行清理,清理之前的继续有效,有关事项的保密期限和知悉范围按照保密法有关规定确定。

第三十二条 本办法由国家保密局负责解释。

第三十三条 本办法自 2017 年 4 月 1 日起施行。

泄密案件查处办法

(2017 年 12 月 29 日国家保密局令 2017 年第 2 号公布 自 2018 年 1 月 1 日起施行)

第一章 总 则

第一条 为保守国家秘密,维护国家安全和利益,规范和加强保密行政管理部门泄密案件查处工作,根据《中华人民共和国保守国家秘密法》(以下简称保密法)及其实施条例等法律法规,制定本办法。

第二条 保密行政管理部门对公民举报、机关和单位报告、保密检查发现、有关部门移送的涉嫌泄露国家秘密的案件线索,依法调查或者组织、督促有关机关、单位调查处理,适用本办法。

第三条 查处泄密案件,应当坚持教育和惩处相结合,以事实为依据,以法律为准绳,做到事实清楚,证据确实、充分,定性准确,程序合法,处理适当。

第四条 本办法所称"泄露国家秘密"是指违反保密法律、法规和规章的下列行为之一：

（一）使国家秘密被不应知悉者知悉的；

（二）使国家秘密超出了限定的接触范围，而不能证明未被不应知悉者知悉的。

第五条 存在下列情形之一的，按泄露国家秘密处理：

（一）属于国家秘密的文件资料或者其他物品下落不明的，自发现之日起，绝密级10日内，机密级、秘密级60日内查无下落的；

（二）未采取符合国家保密规定或者标准的保密措施，在互联网及其他公共信息网络、有线和无线通信中传递国家秘密的；

（三）使用连接互联网或者其他公共信息网络的计算机、移动存储介质等信息设备存储、处理国家秘密，且该信息设备被远程控制的。

第六条 泄密案件查处工作主要包括：

（一）查明所泄露的国家秘密事项的内容与密级；

（二）查明案件事实、主要情节和有关责任人员；

（三）要求有关机关、单位采取必要的补救措施；

（四）根据有关法律、法规和规章等对责任人员提出处理建议，并督促机关、单位作出处理；

（五）针对案件暴露出的问题，督促机关、单位加强和改进保密工作。

第七条 泄密案件查处实行分级办理、各负其责的工作制度。国家保密行政管理部门主管全国的泄密案件查处工作。地方各级保密行政管理部门在上级保密行政管理部门指导下，负责本行政区域的泄密案件查处工作。

有关机关、单位在保密行政管理部门的组织、督促、指导下，对泄密案件进行查处，并采取相应整改补救措施。

第八条 上级保密行政管理部门对下级保密行政管理部门，地方保密行政管理部门对本行政区域内机关、单位泄密案件查处工作进行指导、监督。发现查处不当的，应当及时予以纠正。

第九条 办案人员与案件有利害关系或者其他关系可能影响案件公正处理的，应当自行回避；案件当事人有权要求其回避。

办案人员的回避，由其所属保密行政管理部门决定。保密行政管理部门负责人的回避，由上一级保密行政管理部门决定。

第十条 保密行政管理部门及其办案人员对案件查处工作中获取的国家秘密、工作秘密、商业秘密及个人隐私，应当保密。

第二章 管 辖

第十一条 泄密案件由泄密行为发生地县级以上保密行政管理部门管辖。由有关机关、单位所在地或者案件当事人居住地保密行政管理部门管辖更便于查处工作开展的，可以由有关机关、单位所在地或者案件当事人居住地保密行政管理部门管辖。

移交有关机关、单位所在地或者案件当事人居住地保密行政管理部门管辖的泄密案件，泄密行为发生地保密行政管理部门在移交前应当及时收集证据，并配合开展调查取证工作。

第十二条 国家保密行政管理部门依法调查或者组织、督促查处下列泄密案件：

（一）中央和国家机关发生的；

（二）涉及多个省（自治区、直辖市）的；

（三）全国范围内重大、复杂案件。

第十三条 省（自治区、直辖市）保密行政管理部门依法调查或者组织、督促查处下列泄密案件：

（一）省级机关及省（自治区、直辖市）直属机关发生的；

（二）涉及本行政区域内多个市（地、州、盟）或者部门的；

（三）中央和国家机关设在省（自治区、直辖市）的直属机构发生的；

（四）本辖区内重大、复杂案件。

第十四条 中央和国家机关认为本系统发生泄密案件的有关单位情况特殊，不宜由地方保密行政管理部门查处的，可以向国家保密行政管理部门提交书面材料说明理由，由国家保密行政管理部门决定。

第十五条 对于重大、复杂的泄密案件，上级保密行政管理部门可以指定管辖；具有管辖权的保密行政管理部门由于特殊原因不能调查或者组织、督促查处的，可以报请上一级保密行政管理部门指定管辖；同级保密行政管理部门之间因管辖权发生争议的，应当本着有利于开展查处工作的原则协商解决，必要时报请共同的上级保密行政管理部门指定管辖。

上级保密行政管理部门应当在接到指定管辖申请之日起7个工作日内，作出指定管辖决定，并书面通知被指定管辖的保密行政管理部门和其他有关保密行政管理部门。原受理案件的保密行政管理部门收到上级保密行政管理部门书面通知后，应当立即将案卷材料移送被指定管辖的保密行政管理部门，并书面通知有关机关、单位。

第十六条 保密行政管理部门发现案件不属于本部门管辖的，应当自发现之日起7个工作日内移送具有管辖权的保密行政管理部门或者其他部门。

接受移送的保密行政管理部门对管辖权有异议的，应当报请上一级保密行政管理部门指定管辖，不得再自行移送。

第三章 证　　据

第十七条 可以用于证明案件事实的材料，都是证据。证据包括：

（一）物证；

（二）书证；

（三）证人证言；

（四）案件当事人陈述；

（五）视听资料、电子数据；

（六）保密检查、勘验笔录，技术核查报告；

（七）密级鉴定书。

第十八条　保密行政管理部门在案件调查过程中，应当合法、及时、客观、全面地收集、调取证据材料，并予以审查、核实。

第十九条　收集、调取的物证应当是原物。在原物不便搬运、不易保存，依法应当由有关机关、单位保管、处理或者依法应当返还时，可以拍摄或者制作足以反映原物外形或者内容的照片、录像。物证的照片、录像，经与原物核实无误或者经鉴定证明为真实的，可以作为证据使用。

第二十条　收集、调取的书证应当是原件。在取得原件确有困难时，可以使用副本或者复制件。

书证的副本、复制件，经与原件核实无误的，可以作为证据使用。书证有更改或者更改迹象不能作出合理解释的，或者书证的副本、复制件不能反映书证原件及其内容的，不能作为证据使用。

第二十一条　办案人员应当收集电子数据的原始载体。收集原始载体确有困难时，可以拷贝复制或者进行镜像备份。

第二十二条　书证的副本、复制件，视听资料、电子数据的复制件，物证的照片、录像，应当附原件、原物存放处的文字说明。

第四章　受　理

第二十三条　保密行政管理部门对公民举报、机关和单位报告、保密检查发现、有关部门移送的涉嫌泄露国家秘密的案件线索，应当依法及时受理。

第二十四条 保密行政管理部门受理涉嫌泄露国家秘密的案件线索举报，举报人不愿意公开个人或者单位信息的，应当在受理登记时注明，并为其保密。

保密行政管理部门应当对举报人提供的有关证据材料、物品等进行登记，出具接收清单，并妥善保管；必要时，可以拍照、录音或者录像。

第二十五条 保密行政管理部门受理涉嫌泄露国家秘密的案件线索，应当分别作出处理：

（一）已经或者可能泄露国家秘密的，应当进行初查；

（二）经核实，存在违反保密法律法规行为，但情节显著轻微，没有造成危害后果的，可以责成有关机关、单位对责任人员进行批评教育；

（三）没有泄密事实或者案件线索无法核实的，不予处理。

第二十六条 保密行政管理部门受理涉嫌泄露国家秘密的案件线索，发现需要采取补救措施的，应当立即责令有关机关、单位和人员停止违法行为，采取有效措施，防止泄密范围扩大。

第五章 初查与立案

第二十七条 保密行政管理部门在决定是否立案前，应当对涉嫌泄露国家秘密的案件线索进行初查，了解是否存在泄密事实。初查内容包括：

（一）案件线索涉及人员的主体身份及基本情况；

（二）案件线索所反映的问题是否属实，是否造成国家秘密泄露，是否达到刑事立案标准。

第二十八条 初查结束后，应当形成初查情况报告，内容包括案件线索情况、初查情况和处理建议。

第二十九条 保密行政管理部门应当根据初查情况分别作出处理：

（一）确有泄露国家秘密事实，且已经达到刑事立案标准的，应当移送有关部门查处；

（二）确有泄露国家秘密事实，尚未达到刑事立案标准，且具有管辖权的，应当予以立案，不具有管辖权的，应当移交具有管辖权的保密行政管理部门处理；

（三）确有泄露国家秘密事实，但案件线索内容不全或者有误，通知案件线索移送部门或者举报人、报告人补充，经补充案件线索内容仍不具备查处条件的，暂不予以立案，有关材料存档备查；

（四）未造成国家秘密泄露，但存在违反保密法律法规事实的，应当督促、指导有关机关、单位进行调查处理，必要时保密行政管理部门可以直接调查；

（五）未违反保密法律法规，但存在其他涉嫌违法或者违纪事实的，移交有关职能部门处理；

（六）案件线索反映的情况失实的，不予处理，必要时可以向有关机关、单位和案件当事人说明情况。

第三十条 初查时限为 2 个月，必要时可以延长 1 个月。重大、复杂的案件线索，在延长期内仍不能初查完毕的，经保密行政管理部门负责人批准后可以延长。

初查时限自接到案件线索之日算起，至呈报初查情况报告之日止。

第三十一条 经初查应当予以立案的，办案人员应当填报立案表，并附案件线索材料、初查情况报告，报请保密行政管理部门负责人审批。

第三十二条 保密行政管理部门在立案后，应当制作立案通知书，通知有关机关、单位；通知立案可能影响案件查处工作的，可以直接通知其上级主管部门。

第六章 调查与处理

第三十三条 案件立案后，保密行政管理部门应当指派 2 名以上办案人员进行调查或者指导、督促有关机关、单位进行调查。

对于重大、复杂案件，保密行政管理部门可以组织相关部门成立专案组，开展案件调查。

第三十四条 案件调查内容包括：

（一）案件当事人的基本情况；

（二）案件当事人是否实施违反保密法律法规行为；

（三）实施违反保密法律法规行为的时间、地点、手段、后果以及其他情节；

（四）有无法定从重、从轻、减轻或者免予处理的情形；

（五）与案件有关的其他事实。

第三十五条 保密行政管理部门直接调查、检查时，办案人员不得少于 2 人，并应当出示证件，表明身份。

第三十六条 机关、单位应当积极配合案件调查工作，提供相关证据。

机关、单位应当对案件当事人出国（境）进行审查，可能影响案件查处的，不得批准其出国（境）。

第三十七条 案件当事人应当自觉接受、配合调查，如实说明情况；不得与同案人或者知情人串通情况，不得对抗调查；不得将案件查处情况告知他人。

第三十八条 办案人员在案件调查过程中可以询问案件当事人、证人或者其他案件关系人,并制作询问笔录。询问应当个别进行。

第三十九条 询问内容应当包括:

(一) 被询问人的基本情况;

(二) 被询问人与案件当事人或者与案件的联系;

(三) 证明案件当事人是否负有责任以及责任轻重的事实;

(四) 所证明的事实发生的原因、时间、地点、手段、情节等;

(五) 其他与案件有关的内容。

第四十条 询问笔录应当采取问答式,如实对办案人员的提问和被询问人的回答进行记录。记录被询问人的陈述应当详细具体,忠于原意。对于被询问人声明记忆不清的情节,笔录中应当如实反映。

询问笔录应当交被询问人核对,对没有阅读能力的,应当向其宣读。记录有误或者遗漏的,应当允许被询问人更正或者补充。被询问人确认笔录无误后,应当在询问笔录上逐页签名。拒绝签名的,询问人员应当在询问笔录中注明。

询问时,可以全程录音、录像,并保持录音、录像资料的完整性。

第四十一条 案件当事人、证人或者其他案件关系人请求自行提供书面材料的,应当准许。必要时,办案人员也可以要求案件当事人、证人或者其他案件关系人自行书写。

案件当事人、证人或者其他案件关系人应当在其提供的书面材料结尾处签名。打印的书面材料应当逐页签名。办案人员收到书面材料后,应当在首页注明收到日期,并签名。

第四十二条 询问案件当事人时,办案人员应当听取案件当事人的陈述和申辩。对其陈述和申辩,应当进行核查。

第四十三条 办案人员在案件调查过程中可以查阅、复制与案件有关的文件资料、会议记录、工作笔记等材料，查阅、了解案件当事人的身份信息、现实表现情况等信息，有关机关、单位和个人应当予以配合。

第四十四条 办案人员在案件调查过程中可以对与泄密案件有关的场所、物品进行检查。检查时，被检查人或者见证人应当在场。

办案人员可以根据检查情况制作检查笔录。检查笔录由办案人员、被检查人或者见证人签名；被检查人或者见证人不在场、拒绝签名的，办案人员应当在检查笔录中注明。

第四十五条 在案件调查过程中对国家秘密载体或者相关设施、设备、文件资料等登记保存，依照《中华人民共和国行政强制法》相关规定进行。办案人员应当会同持有人或者见证人查点清楚，当场开列登记保存清单一式二份，写明登记保存对象的名称、规格、数量、特征、登记保存地点等，由办案人员和持有人或者见证人签名后，各执一份。

对于登记保存在有关机关、单位的设施、设备，应当采取足以防止有关证据灭失或者转移的措施。

第四十六条 对涉及计算机、移动存储介质等信息设备的泄密案件，保密行政管理部门可以组织或者委托具有技术核查取证职能的部门或者单位进行技术核查取证。

第四十七条 案件调查过程中，需要对有关事项是否属于国家秘密以及属于何种密级进行鉴定的，应当及时提请具有密级鉴定权的保密行政管理部门鉴定。

第四十八条 案件调查过程中，保密行政管理部门发现有关机关、单位存在泄密隐患的，应当立即要求其采取措施，限期整改；对存在泄密隐患的设施、设备、场所，依法责令停止使用。

第四十九条　经调查，证据不足无法认定存在泄密事实的，经保密行政管理部门负责人批准，应当作出撤销案件的决定。撤销案件的决定应当及时书面通知有关机关、单位。

第五十条　经调查，保密行政管理部门认为案件当事人实施的违反保密法律法规行为涉嫌构成犯罪的，应当连同案件材料及时移送有关部门查处。

第五十一条　调查结束后，保密行政管理部门认为存在泄密事实，需要追究责任的，应当向有关机关、单位提出人员处理建议。有关机关、单位应当及时将处理结果书面告知同级保密行政管理部门。

有关机关、单位对责任人员不依法给予处分的，保密行政管理部门应当依法建议纠正。对拒不纠正的，保密行政管理部门应当依法提请其上一级机关或者监察机关对该机关、单位负有责任的领导人员和直接责任人员依法予以处理。

第五十二条　保密行政管理部门应当针对案件暴露出的问题，督促有关机关、单位采取整改措施，加强和改进保密工作。

机关、单位应当在规定时限内将整改情况书面报送保密行政管理部门。保密行政管理部门可以对机关、单位的整改情况进行复查。

第七章　结　　案

第五十三条　泄密案件调查终结应当具备下列条件：

（一）泄露国家秘密的事实已经调查清楚；

（二）已经采取必要的补救措施；

（三）已经对案件相关责任人员作出处理，或者移送有关部门查处；

（四）有关机关、单位已经采取整改措施。

第五十四条　办案人员在案件调查处理工作完成后,应当提交结案报告,经立案的保密行政管理部门负责人批准后结案。结案报告应当包括以下内容:

（一）泄密案件的发生、发现经过;

（二）案件涉及国家秘密的密级、数量、载体形式以及概要内容;

（三）泄密案件已经或者可能造成的危害;

（四）案件发生的主要原因;

（五）已经采取的补救措施;

（六）责任人员处理情况;

（七）有关机关、单位整改情况;

（八）其他需要说明的情况。

第五十五条　泄密案件查处时限为3个月,自立案之日起3个月未能查结的,经查处泄密案件的保密行政管理部门负责人批准可延长1个月。

在延长期内仍不能查结的,查处泄密案件的保密行政管理部门应当向上一级保密行政管理部门说明原因,逾期未说明原因或者理由不充分的,上一级保密行政管理部门应当予以检查、督促。

第八章　配合机制

第五十六条　省（自治区、直辖市）保密行政管理部门与中央和国家机关保密工作机构在泄密案件查处工作中应当相互配合。

设区的市、自治州一级及以下地方保密行政管理部门需要中央和国家机关保密工作机构配合工作的,应当报请所属省（自治区、直辖市）保密行政管理部门协调。

第五十七条　保密行政管理部门应当加强与同级纪检监察、网信、审判、检察、公安、国家安全等机关的协调配合,建立健全协调配合机制,共同做好泄密案件查处工作。

第五十八条 在泄密案件查处工作中需要军地双方配合的,军队相应保密工作部门和地方保密行政管理部门可以直接联系,相互之间应当支持配合。

第九章 法律责任

第五十九条 在泄密案件查处工作中,有关机关、单位及其工作人员拒不配合,弄虚作假,隐匿、销毁证据,以其他方式逃避、妨碍案件查处的,对直接负责的主管人员和其他直接责任人员依法给予处分。

企事业单位及其工作人员协助机关、单位逃避、妨碍案件查处的,由有关主管部门依法予以处罚。

第六十条 保密行政管理部门办理泄密案件,未依法履行职责,或者滥用职权、玩忽职守、徇私舞弊的,对直接负责的主管人员和其他直接责任人员依法给予处分;构成犯罪的,依法追究刑事责任。

第十章 附 则

第六十一条 机关、单位工作人员实施保密法第四十八条规定的其他违法行为,保密行政管理部门可以参照本办法调查或者组织、督促机关、单位调查处理。

第六十二条 执行本办法所需要的文书式样,由国家保密行政管理部门统一制定。国家保密行政管理部门没有制定式样,执法工作中需要的其他文书,省(自治区、直辖市)保密行政管理部门可以自行制定式样。

第六十三条 本办法由国家保密局负责解释。

第六十四条 本办法自 2018 年 1 月 1 日起施行。国家保密局 1992 年 11 月 20 日印发的《泄密事件查处办法（试行）》同时废止。

涉密信息系统集成资质管理办法

（2020 年 12 月 10 日国家保密局令 2020 年第 1 号公布
自 2021 年 3 月 1 日起施行）

第一章　总　　则

第一条 为了加强涉密信息系统集成资质管理，确保国家秘密安全，根据《中华人民共和国保守国家秘密法》、《中华人民共和国行政许可法》、《中华人民共和国行政处罚法》、《中华人民共和国保守国家秘密法实施条例》等有关法律法规，制定本办法。

第二条 本办法所称涉密信息系统集成（以下简称涉密集成），是指涉密信息系统的规划、设计、建设、监理和运行维护等活动。

涉密集成资质是指保密行政管理部门许可企业事业单位从事涉密信息系统集成业务的法定资格。

第三条 涉密集成资质的申请、受理、审查、决定、使用和监督管理，适用本办法。

第四条 从事涉密集成业务的企业事业单位应当依照本办法，取得涉密集成资质。

国家机关和涉及国家秘密的单位（以下简称机关、单位）应当选择具有涉密集成资质的单位（以下简称资质单位）承接涉密集成业务。

第五条 涉密集成资质管理应当遵循依法管理、安全保密、科学发展、公平公正的原则。

第六条 国家保密行政管理部门主管全国涉密集成资质管理工作,省级保密行政管理部门主管本行政区域内涉密集成资质管理工作。

省级以上保密行政管理部门根据工作需要,可以委托下一级保密行政管理部门开展审查工作,或者组织机构协助开展工作。

第七条 省级以上保密行政管理部门应当指定专门机构承担保密资质管理日常工作。

第八条 省级以上保密行政管理部门建立保密资质审查专家库,组织开展入库审查、培训考核等工作。

第九条 实施涉密集成资质许可不收取任何费用,所需经费纳入同级财政预算。

第二章 等级与条件

第十条 涉密集成资质分为甲级和乙级两个等级。

甲级资质单位可以从事绝密级、机密级和秘密级涉密集成业务;乙级资质单位可以从事机密级、秘密级涉密集成业务。

第十一条 涉密集成资质包括总体集成、系统咨询、软件开发、安防监控、屏蔽室建设、运行维护、数据恢复、工程监理,以及国家保密行政管理部门许可的其他涉密集成业务。取得总体集成业务种类许可的,除从事系统集成业务外,还可从事软件开发、安防监控和所承建系统的运行维护业务。

资质单位应当在保密行政管理部门许可的业务种类范围内承接涉密集成业务。承接涉密系统咨询、工程监理业务的,不得承接所咨询、监理业务的其他涉密集成业务。

第十二条 申请单位应当具备以下基本条件:

（一）在中华人民共和国境内依法成立三年以上的法人；

（二）无犯罪记录且近三年内未被吊销保密资质（资格），法定代表人、主要负责人、实际控制人未被列入失信人员名单；

（三）法定代表人、主要负责人、实际控制人、董（监）事会人员、高级管理人员以及从事涉密集成业务人员具有中华人民共和国国籍，无境外永久居留权或者长期居留许可，与境外人员无婚姻关系，国家另有规定的除外；

（四）具有从事涉密集成业务的专业能力；

（五）法律、行政法规和国家保密行政管理部门规定的其他条件。

第十三条 申请单位应当具备以下保密条件：

（一）有专门机构或者人员负责保密工作；

（二）保密制度完善；

（三）从事涉密集成业务的人员经过保密教育培训，具备必要的保密知识和技能；

（四）用于涉密集成业务的场所、设施、设备符合国家保密规定和标准；

（五）有专门的保密工作经费；

（六）法律、行政法规和国家保密行政管理部门规定的其他保密条件。

第十四条 申请单位应当无外国投资者直接投资，且通过间接方式投资的外国投资者在申请单位中的出资比例最终不得超过20%；申请单位及其股东的实际控制人不得为外国投资者，外国投资者在申请单位母公司中的出资比例最终不得超过20%。

在新三板挂牌的企业申请资质以及资质有效期内的，还应当符合以下条件：

（一）参与挂牌交易的股份比例不高于总股本的30%；

（二）实际控制人在申请期间及资质有效期内保持控制地位不变。

第十五条 申请单位应当建立完善的内部管理和信息披露制度，未经国务院有关主管部门或者省级人民政府有关主管部门批准，外国投资者不得接触、知悉国家秘密信息。

第十六条 申请单位申请不同等级和业务种类的涉密集成资质，应当符合涉密集成资质具体条件的要求。

第三章　申请、受理、审查与决定

第十七条 申请甲级资质的，应当向国家保密行政管理部门提出申请；申请乙级资质的，应当向注册地的省级保密行政管理部门提出申请。申请单位应当提交以下材料：

（一）《涉密信息系统集成资质申请书》（以下简称申请书）；

（二）企业营业执照或者事业单位法人证书；

（三）在登记机关备案的章程；

（四）法定代表人、主要负责人、实际控制人、董（监）事会人员、高级管理人员以及从事涉密集成业务的其他人员情况；

（五）资本结构和股权情况；

（六）生产经营和办公场所产权证书或者租赁合同；

（七）近三年集成业务合同清单；

（八）涉密集成业务场所和保密设施、设备情况；

（九）基本管理制度、保密制度以及保密体系运行情况。

申请书及相关材料不得涉及国家秘密，申请单位应当对申请材料的真实性和完整性负责。

第十八条 保密行政管理部门收到申请材料后，应当在五日内完成审查。申请材料齐全且符合法定形式的，应当受理并发出受理通知书；申请材料不齐全或者不符合法定形式的，应当一次告知申请单位十五日内补正材料；逾期未告知申请单位补正的，自收到申请材料之日起即为受理。申请单位十五日内不予补正的，视为放弃本次行政许可申请。

第十九条　资质审查分为书面审查、现场审查。确有需要的，可以组织专家开展评审。

第二十条　对作出受理决定的，保密行政管理部门应当对提交的申请材料进行书面审查。

第二十一条　对书面审查合格的单位，保密行政管理部门应当指派两名以上工作人员，并可以结合工作实际指派一名以上审查专家，依据涉密集成资质审查细则和评分标准，对保密制度、保密工作机构、保密监督管理、涉密人员管理、保密技术防护以及从事涉密集成业务的专业能力等情况进行现场审查。

涉密集成资质审查细则和评分标准由国家保密行政管理部门另行规定。

第二十二条　现场审查应当按照以下程序进行：

（一）提前五日以传真、电子邮件等形式书面通知申请单位现场审查时间；

（二）听取申请单位情况汇报和对有关事项的说明；

（三）审查有关材料；

（四）与主要负责人、保密工作负责人及有关人员谈话了解情况；

（五）组织涉密人员进行保密知识测试；

（六）对涉密场所、涉密设备等进行实地查看；

（七）汇总现场审查情况，形成现场审查报告；

（八）通报审查情况，申请单位法定代表人或者主要负责人在现场审查报告上签字确认。

第二十三条　申请单位具有下列情形之一的，保密行政管理部门应当终止审查：

（一）隐瞒有关情况或者提供虚假材料的；

（二）采取贿赂、请托等不正当手段，影响审查工作公平公正进行的；

（三）无正当理由拒绝按通知时间接受现场审查的；

（四）现场审查中发现不符合评分标准基本项的；

（五）其他违反保密法律法规的行为。

第二十四条　申请单位书面审查、现场审查合格的，保密行政管理部门应当准予行政许可。

申请单位具有下列情形之一的，保密行政管理部门应当作出不予行政许可的书面决定，说明理由并告知申请单位相关权利：

（一）书面审查不合格的；

（二）现场审查不合格的；

（三）终止审查的；

（四）法律、行政法规规定的不予行政许可的其他情形。

第二十五条　保密行政管理部门应当自受理申请之日起二十日内，对申请单位作出准予行政许可或者不予行政许可的决定。二十日内不能作出决定的，经本行政机关负责人批准，可以延长十日，并应当将延长期限的理由告知申请单位。

保密行政管理部门组织开展专家评审、鉴定所需时间不计入行政许可期限。

第二十六条　保密行政管理部门作出准予行政许可的决定的，自作出决定之日起十日内向申请单位颁发《涉密信息系统集成资质证书》(以下简称《资质证书》)。

第二十七条 《资质证书》有效期为五年,分为正本和副本,正本和副本具有同等法律效力。样式由国家保密行政管理部门统一制作,主要包括以下内容:

(一)单位名称;

(二)法定代表人;

(三)注册地址;

(四)证书编号;

(五)资质等级;

(六)业务种类;

(七)发证机关;

(八)有效期和发证日期。

第二十八条 《资质证书》有效期满,需要继续从事涉密集成业务的,应当在有效期届满三个月前向保密行政管理部门提出延续申请,保密行政管理部门应当按照本办法有关规定开展审查,申请单位未按规定期限提出延续申请的,视为重新申请。

有效期届满且未准予延续前,不得签订新的涉密集成业务合同。对于已经签订合同但未完成的涉密业务,在确保安全保密的条件下可以继续完成。

第二十九条 省级保密行政管理部门应当将许可的乙级资质单位报国家保密行政管理部门备案。

准予行政许可和注销、吊销、撤销以及暂停资质的决定,由作出决定的保密行政管理部门在一定范围内予以发布。

第四章 监督与管理

第三十条 省级以上保密行政管理部门应当加强对下一级保密

行政管理部门以及协助开展审查工作的专门机构的监督检查，及时纠正资质管理中的违法违规行为。

第三十一条　保密行政管理部门应当开展"双随机"抽查、飞行检查等形式的保密检查，对资质单位从事涉密集成业务和保密管理情况进行监督。

第三十二条　机关、单位委托资质单位从事涉密集成业务，应当查验其《资质证书》，签订保密协议，提出保密要求，采取保密措施，加强涉密业务实施现场的监督检查。

第三十三条　资质单位与其他单位合作开展涉密集成业务的，合作单位应当具有相应的涉密集成资质且取得委托方书面同意。

资质单位不得将涉密集成业务分包或者转包给无相应涉密资质的单位。

第三十四条　资质单位承接涉密集成业务的，应当在签订合同后三十日内，向业务所在地省级保密行政管理部门备案，接受保密监督管理。

第三十五条　乙级资质单位拟在注册地的省级行政区域外承接涉密集成业务的，应当向业务所在地的省级保密行政管理部门备案，接受保密监督管理。

第三十六条　资质单位实行年度自检制度，应当于每年3月31日前向作出准予行政许可决定的保密行政管理部门报送上一年度自检报告。

第三十七条　资质单位下列事项发生变更的，应当在变更前向保密行政管理部门书面报告：

（一）注册资本或者股权结构；

（二）控股股东或者实际控制人；

（三）单位性质或者隶属关系；

（四）用于涉密集成业务的场所。

保密行政管理部门应当对资质单位变更事项进行书面审查。通过审查的，资质单位应当按照审定事项实施变更，并在变更完成后十日内提交情况报告。

拟公开上市的，应当资质剥离后重新申请；对影响或者可能影响国家安全的外商投资，应当按照外商投资安全审查制度进行安全审查。

资质单位发生控股股东或者实际控制人、单位性质或者隶属关系、用于涉密集成业务的场所等事项变更的，保密行政管理部门应当组织现场审查。

第三十八条　资质单位下列事项发生变更的，应当在变更后十日内向保密行政管理部门书面报告：

（一）单位名称；

（二）注册地址或者经营地址；

（三）经营范围；

（四）法定代表人、董（监）事会人员或者高级管理人员。

资质单位变更完成需换发《资质证书》的，由保密行政管理部门审核后重新颁发。

第三十九条　保密行政管理部门在现场审查、保密检查过程中，发现申请单位或者资质单位存在涉嫌泄露国家秘密的案件线索，应当根据工作需要，按照泄密案件管辖权限，经保密行政管理部门负责人批准，由具备执法资格的人员对有关设施、设备、载体等采取登记保存措施，依法开展调查工作。

保密行政管理部门调查结束后，认定申请单位或者资质单位存在违反保密法律法规事实的，违法行为发生地的保密行政管理部门应当按照本办法作出处理，并将违法事实、处理结果抄告受理申请或者准予行政许可的保密行政管理部门。

第四十条　有下列情形之一的，作出准予行政许可决定的保密行政管理部门或者其上级保密行政管理部门，依据职权可以撤销行政许可：

（一）保密行政管理部门滥用职权、玩忽职守作出准予行政许可决定的；

（二）超越法定职权作出准予行政许可决定的；

（三）违反法定程序作出准予行政许可决定的；

（四）对不具备申请资格或者不符合法定条件的申请单位准予行政许可的；

（五）依法可以撤销行政许可的其他情形。

资质单位采取欺骗、贿赂等不正当手段取得资质的，保密行政管理部门应当撤销其资质，停止其涉密业务。自撤销之日起，三年内不得再次申请。

第四十一条　资质单位具有下列情形之一的，作出准予行政许可决定的保密行政管理部门应当注销其资质：

（一）《资质证书》有效期届满未延续的；

（二）法人资格依法终止的；

（三）主动申请注销资质的；

（四）行政许可依法被撤销、撤回，或者行政许可证件依法被吊销的；

（五）因不可抗力导致行政许可事项无法实施的；

（六）法律、行政法规规定的应当注销资质的其他情形。

第四十二条　申请单位或者资质单位对保密行政管理部门作出的决定不服的，可以依法申请行政复议或者提起行政诉讼。

第五章 法 律 责 任

第四十三条 资质单位违反本办法的,依照本办法有关规定处理;构成犯罪的,依法追究刑事责任。

第四十四条 资质单位具有下列情形之一的,保密行政管理部门应当责令其在二十日内完成整改,逾期不改或者整改后仍不符合要求的,应当给予六个月以上十二个月以下暂停资质的处罚:

(一)未经委托方书面同意,擅自与其他涉密集成资质单位合作开展涉密集成业务的;

(二)超出行政许可的业务种类范围承接涉密集成业务的;

(三)发生需要报告的事项,未及时报告的;

(四)承接涉密集成业务,未按规定备案的;

(五)未按本办法提交年度自检报告的;

(六)不符合其他保密管理规定,存在泄密隐患的。

第四十五条 资质单位不再符合申请条件,或者具有下列情形之一的,保密行政管理部门应当吊销其资质,停止其涉密业务:

(一)涂改、出卖、出租、出借《资质证书》,或者以其他方式伪造、非法转让《资质证书》的;

(二)将涉密集成业务分包或者转包给无相应涉密资质单位的;

(三)发现国家秘密已经泄露或者可能泄露,未按法定时限报告的;

(四)拒绝接受保密检查的;

(五)资质暂停期间,承接新的涉密集成业务的;

(六)资质暂停期满,仍不符合保密管理规定的;

(七)发生泄密案件的;

(八)其他违反保密法律法规的行为。

第四十六条　申请单位隐瞒有关情况或者提供虚假材料的，保密行政管理部门应当作出不予受理或者不予行政许可的决定。自不予受理或者不予行政许可之日起，一年内不得再次申请。

第四十七条　未经保密行政管理部门许可的单位从事涉密集成业务的，由保密行政管理部门责令停止违法行为，非法获取、持有的国家秘密载体，应当予以收缴；有违法所得的，由市场监督管理部门没收违法所得；构成犯罪的，依法追究刑事责任。

第四十八条　机关、单位委托未经保密行政管理部门许可的单位从事涉密集成业务的，应当由有关机关、单位对直接负责的主管人员和其他直接责任人员依法给予处分；构成犯罪的，依法追究刑事责任。

第四十九条　保密行政管理部门及其工作人员未依法履行职责，或者滥用职权、玩忽职守、徇私舞弊的，对直接负责的主管人员和其他直接责任人员依法给予政务处分；构成犯罪的，依法追究刑事责任。

第六章　附　　则

第五十条　机关、单位自行开展涉密信息系统集成业务，可以由本机关、单位内部信息化工作机构承担，接受同级保密行政管理部门监督指导。

第五十一条　申请单位资本结构包含香港特别行政区、澳门特别行政区、台湾地区投资者以及定居在国外中国公民投资者的，参照本办法管理。国家另有规定的，从其规定。

第五十二条　本办法规定的实施行政许可的期限以工作日计算，不含法定节假日。

第五十三条　本办法由国家保密局负责解释。

第五十四条 本办法自 2021 年 3 月 1 日起施行。国家保密局发布的《涉密信息系统集成资质管理办法》（国保发〔2013〕7 号，国保发〔2019〕13 号修订）同时废止。

附件：涉密信息系统集成资质具体条件

附件

涉密信息系统集成资质具体条件

一、总体集成

（一）甲级资质

1. 注册资本以货币资金实缴额不少于 3000 万元人民币。

2. 近 3 年的信息系统集成收入总金额不少于 4 亿元人民币，其中至少含有 3 个不少于 1000 万元人民币的信息系统集成项目。

3. 从事信息系统集成业务的相关人员不少于 200 名，且在本单位依法缴纳社保一年以上的人员不少于 160 名。

4. 省级以上人力资源和社会保障部门或者其授权机构认可的计算机技术与软件（含信息安全）专业相关高级职称或者执业资格的人员不少于 6 名，其中在本单位依法缴纳社保一年以上的不少于 4 名。

5. 具有自有产权或者租赁期 3 年（含）以上的涉密业务场所，使用面积不少于 100 平方米，实行封闭式管理，周边环境安全可控，且按照国家保密规定和标准配备、使用必要的技术防护设施、设备。

（二）乙级资质

1. 注册资本以货币资金实缴额不少于 1000 万元人民币。

2. 近 3 年的信息系统集成收入总金额不少于 5000 万元人民币，

其中至少含有 1 个不少于 500 万元人民币的信息系统集成项目。

3. 从事信息系统集成业务的相关人员不少于 80 名，且在本单位依法缴纳社保一年以上的人员不少于 64 名。

4. 省级以上人力资源和社会保障部门或者其授权机构认可的计算机技术与软件（含信息安全）专业相关高级职称或者执业资格的人员不少于 2 名，其中在本单位依法缴纳社保一年以上的不少于 1 名。

5. 具有自有产权或者租赁期 3 年（含）以上的涉密业务场所，使用面积不少于 50 平方米，实行封闭式管理，周边环境安全可控，且按照国家保密规定和标准配备、使用必要的技术防护设施、设备。

二、系统咨询

（一）甲级资质

1. 注册资本以货币资金实缴额不少于 1000 万元人民币。

2. 近 3 年的信息系统咨询收入总金额不少于 3000 万元人民币，其中至少含有 3 个投资总值不少于 1000 万元人民币的系统咨询项目。

3. 从事信息系统咨询业务的相关人员不少于 100 名，且在本单位依法缴纳社保一年以上的人员不少于 80 名。

4. 省级以上人力资源和社会保障部门或者其授权机构认可的计算机技术与软件（含信息安全）专业相关高级职称或者执业资格的人员不少于 4 名，其中在本单位依法缴纳社保一年以上的不少于 3 名。

5. 具有自有产权或者租赁期 3 年（含）以上的涉密业务场所，使用面积不少于 100 平方米，实行封闭式管理，周边环境安全可控，且按照国家保密规定和标准配备、使用必要的技术防护设施、设备。

(二) 乙级资质

1. 注册资本以货币资金实缴额不少于 300 万元人民币。

2. 近 3 年的信息系统咨询收入总金额不少于 400 万元人民币，其中至少含有 1 个投资总值不少于 500 万元人民币的系统咨询项目。

3. 从事信息系统咨询业务的相关人员不少于 20 名，且在本单位依法缴纳社保一年以上的人员不少于 16 名。

4. 省级以上人力资源和社会保障部门或者其授权机构认可的计算机技术与软件（含信息安全）专业相关高级职称或者执业资格的人员不少于 2 名，其中在本单位依法缴纳社保一年以上的不少于 1 名。

5. 具有自有产权或者租赁期 3 年（含）以上的涉密业务场所，使用面积不少于 50 平方米，实行封闭式管理，周边环境安全可控，且按照国家保密规定和标准配备、使用必要的技术防护设施、设备。

三、软件开发

(一) 甲级资质

1. 注册资本以货币资金实缴额不少于 3000 万元人民币。

2. 近 3 年的软件开发收入总金额不少于 8000 万元人民币，其中至少含有 1 个不少于 500 万元人民币的软件开发项目。

3. 从事软件开发业务的相关人员不少于 200 名，且在本单位依法缴纳社保一年以上的人员不少于 160 名。

4. 省级以上人力资源和社会保障部门或者其授权机构认可的计算机技术与软件（含信息安全）专业相关高级职称或者执业资格的人员不少于 6 名，其中在本单位依法缴纳社保一年以上的不少于 4 名。

5. 具有自有产权或者租赁期 3 年（含）以上的涉密业务场所，使用面积不少于 100 平方米，实行封闭式管理，周边环境安全可控，且按照国家保密规定和标准配备、使用必要的技术防护设施、设备。

（二）乙级资质

1. 注册资本以货币资金实缴额不少于1000万元人民币。

2. 近3年的软件开发收入总金额不少于1200万元人民币，其中至少含有1个不少于100万元人民币的软件开发项目。

3. 从事软件开发业务的相关人员不少于20名，且在本单位依法缴纳社保一年以上的人员不少于16名。

4. 省级以上人力资源和社会保障部门或者其授权机构认可的计算机技术与软件（含信息安全）专业相关高级职称或者执业资格的人员不少于2名，其中在本单位依法缴纳社保一年以上的不少于1名。

5. 具有自有产权或者租赁期3年（含）以上的涉密业务场所，使用面积不少于50平方米，实行封闭式管理，周边环境安全可控，且按照国家保密规定和标准配备、使用必要的技术防护设施、设备。

四、安防监控

（一）甲级资质

1. 注册资本以货币资金实缴额不少于1000万元人民币。

2. 近3年的安防监控收入总金额不少于3000万元人民币，其中至少含有1个不少于500万元人民币的安防监控项目。

3. 从事安防监控业务的相关人员不少于100名，且在本单位依法缴纳社保一年以上的人员不少于80名。

4. 省级以上人力资源和社会保障部门或者其授权机构认可的计算机技术与软件（含信息安全）专业相关高级职称或者执业资格的人员不少于3名，其中在本单位依法缴纳社保一年以上的不少于2名。

5. 具有自有产权或者租赁期3年（含）以上的涉密业务场所，

使用面积不少于100平方米，实行封闭式管理，周边环境安全可控，且按照国家保密规定和标准配备、使用必要的技术防护设施、设备。

（二）乙级资质

1. 注册资本以货币资金实缴额不少于300万元人民币。

2. 近3年的安防监控收入总金额不少于500万元人民币，其中至少含有1个不少于100万元人民币的安防监控项目。

3. 从事安防监控业务的相关人员不少于20名，且在本单位依法缴纳社保一年以上的人员不少于16名。

4. 省级以上人力资源和社会保障部门或者其授权机构认可的计算机技术与软件（含信息安全）专业相关高级职称或者执业资格的人员不少于2名，其中在本单位依法缴纳社保一年以上的不少于1名。

5. 具有自有产权或者租赁期3年（含）以上的涉密业务场所，使用面积不少于50平方米，实行封闭式管理，周边环境安全可控，且按照国家保密规定和标准配备、使用必要的技术防护设施、设备。

五、屏蔽室建设

（一）甲级资质

1. 注册资本以货币资金实缴额不少于1000万元人民币。

2. 近3年的屏蔽室建设和屏蔽产品销售收入总金额不少于3000万元人民币。

3. 从事屏蔽室建设业务的相关人员不少于50名，且在本单位依法缴纳社保一年以上的人员不少于40名。

4. 省级以上人力资源和社会保障部门或者其授权机构认可的电磁场与微波专业相关高级职称或者执业资格的人员不少于2名，其中在本单位依法缴纳社保一年以上的不少于1名。

5. 具有自有产权或者租赁期3年（含）以上的涉密业务场所，

使用面积不少于100平方米，实行封闭式管理，周边环境安全可控，且按照国家保密规定和标准配备、使用必要的技术防护设施、设备。

6. 具有固定加工生产场地和专用设备，具备屏蔽室设计、制造、安装、检测等条件和能力，有自主研发的屏蔽产品。

（二）乙级资质

1. 注册资本以货币资金实缴额不少于300万元人民币。

2. 近3年的屏蔽室建设和屏蔽产品销售收入总金额不少于500万元人民币。

3. 从事屏蔽室建设业务的相关人员不少于20名，且在本单位依法缴纳社保一年以上的人员不少于16名。

4. 省级以上人力资源和社会保障部门或者其授权机构认可的电磁场与微波专业相关高级职称或者执业资格的人员不少于1名，其中在本单位依法缴纳社保一年以上的不少于1名。

5. 具有自有产权或者租赁期3年（含）以上的涉密业务场所，使用面积不少于50平方米，实行封闭式管理，周边环境安全可控，且按照国家保密规定和标准配备、使用必要的技术防护设施、设备。

6. 具备屏蔽室设计、制造、安装、检测等条件和能力。

六、运行维护

（一）甲级资质

1. 注册资本以货币资金实缴额不少于1000万元人民币。

2. 近3年的运行维护收入总金额不少于3000万元人民币，其中至少含有1个不少于100万元人民币的运行维护项目。

3. 从事运行维护业务的相关人员不少于100名，且在本单位依法缴纳社保一年以上的人员不少于80名。

4. 省级以上人力资源和社会保障部门或者其授权机构认可的计算机技术与软件（含信息安全）专业相关高级职称或者执业资格的

人员不少于 3 名，其中在本单位依法缴纳社保一年以上的不少于 2 名。

5. 具有自有产权或者租赁期 3 年（含）以上的涉密业务场所，使用面积不少于 100 平方米，实行封闭式管理，周边环境安全可控，且按照国家保密规定和标准配备、使用必要的技术防护设施、设备。

6. 涉密项目不少于 2 个且项目收入累计不少于 100 万元，其中应含有收入不少于 50 万元的项目 1 个。

7. 初次申请的，获得涉密信息系统集成资质（总体集成或者软件开发）三年以上，或者获得运行维护乙级资质三年以上。

(二) 乙级资质

1. 注册资本以货币资金实缴额不少于 300 万元人民币。

2. 近 3 年的运行维护收入总金额不少于 500 万元人民币，其中至少含有 1 个不少于 50 万元人民币的运行维护项目。

3. 从事运行维护业务的相关人员不少于 20 名，且在本单位依法缴纳社保一年以上的人员不少于 16 名。

4. 省级以上人力资源和社会保障部门或者其授权机构认可的计算机技术与软件（含信息安全）专业相关高级职称或者执业资格的人员不少于 2 名，其中在本单位依法缴纳社保一年以上的不少于 1 名。

5. 具有自有产权或者租赁期 3 年（含）以上的涉密业务场所，使用面积不少于 50 平方米，实行封闭式管理，周边环境安全可控，且按照国家保密规定和标准配备、使用必要的技术防护设施、设备。

6. 完成涉密项目不少于 1 个且收入累计不少于 30 万元人民币。

7. 初次申请的，获得涉密信息系统集成资质（总体集成或者软件开发）三年以上。

七、数据恢复

（一）甲级资质

1. 注册资本以货币资金实缴额不少于 500 万元人民币。

2. 近 3 年的数据恢复相关收入总金额不少于 1000 万元人民币。

3. 从事数据恢复业务的相关人员不少于 30 名，且在本单位依法缴纳社保一年以上的人员不少于 24 名。

4. 省级以上人力资源和社会保障部门或者其授权机构认可的计算机技术与软件（含信息安全）专业相关高级职称或者执业资格的人员不少于 3 名，其中在本单位依法缴纳社保一年以上的不少于 2 名。

5. 具有自有产权或者租赁期 3 年（含）以上的涉密业务场所，使用面积不少于 100 平方米，实行封闭式管理，周边环境安全可控，且按照国家保密规定和标准配备、使用必要的技术防护设施、设备。

6. 建有洁净室或者百万级洁净间 3 间（含）以上，建立完备的常见品牌和类型存储设备备件库。

（二）乙级资质

1. 注册资本以货币资金实缴额不少于 300 万元人民币。

2. 近 3 年的数据恢复相关收入总金额不少于 300 万元人民币。

3. 从事数据恢复业务的相关人员不少于 20 名，且在本单位依法缴纳社保一年以上的人员不少于 16 名。

4. 省级以上人力资源和社会保障部门或者其授权机构认可的计算机技术与软件（含信息安全）专业相关高级职称或者执业资格的人员不少于 1 名，其中在本单位依法缴纳社保一年以上的不少于 1 名。

5. 具有自有产权或者租赁期 3 年（含）以上的涉密业务场所，使用面积不少于 50 平方米，实行封闭式管理，周边环境安全可控，且按照国家保密规定和标准配备、使用必要的技术防护设施、设备。

6. 建有百万级洁净间1间（含）以上，建立常见品牌和类型存储设备备件库。

八、工程监理

（一）甲级资质

1. 注册资本以货币资金实缴额不少于1000万元人民币。

2. 近3年的信息系统工程监理及相关信息技术服务收入总金额不少于3000万元人民币，其中至少含有3个投资总值不少于1000万元的信息系统工程监理项目。

3. 从事信息系统工程监理业务的相关人员不少于100名，且在本单位依法缴纳社保一年以上的人员不少于80名。

4. 省级以上人力资源和社会保障部门或者其授权机构认可的计算机技术与软件（含信息安全）专业相关高级职称或者执业资格的人员不少于4名，其中在本单位依法缴纳社保一年以上的不少于3名。

5. 具有自有产权或者租赁期3年（含）以上的涉密业务场所，使用面积不少于100平方米，实行封闭式管理，周边环境安全可控，且按照国家保密规定和标准配备、使用必要的技术防护设施、设备。

（二）乙级资质

1. 注册资本以货币资金实缴额不少于300万元人民币。

2. 近3年的信息系统工程监理及相关信息技术服务收入总金额不少于500万元人民币，其中至少含有1个投资总值不少于500万元人民币的信息系统工程监理项目。

3. 从事信息系统工程监理业务的相关人员不少于20名，且在本单位依法缴纳社保一年以上的人员不少于16名。

4. 省级以上人力资源和社会保障部门或者其授权机构认可的计

算机技术与软件（含信息安全）专业相关高级职称或者执业资格的人员不少于 2 名，其中在本单位依法缴纳社保一年以上的不少于 1 名。

5. 具有自有产权或者租赁期 3 年（含）以上的涉密业务场所，使用面积不少于 50 平方米，实行封闭式管理，周边环境安全可控，且按照国家保密规定和标准配备、使用必要的技术防护设施、设备。

国家秘密载体印制资质管理办法

（2020 年 12 月 22 日国家保密局、国家市场监督管理总局令 2020 年第 2 号公布　自 2021 年 3 月 1 日起施行）

第一章　总　　则

第一条　为了加强国家秘密载体印制资质管理，确保国家秘密安全，根据《中华人民共和国保守国家秘密法》、《中华人民共和国行政许可法》、《中华人民共和国行政处罚法》、《中华人民共和国保守国家秘密法实施条例》等有关法律法规，制定本办法。

第二条　本办法所称国家秘密载体印制（以下简称涉密印制），是指以印刷、复制等方式制作国家秘密载体的行为。

涉密印制资质是指保密行政管理部门许可企业事业单位从事国家秘密载体印制业务的法定资格。

第三条　涉密印制资质的申请、受理、审查、决定、使用和监督管理，适用本办法。

第四条　从事涉密印制业务的企业事业单位应当依照本办法，取得涉密印制资质。

国家机关和涉及国家秘密的单位（以下简称机关、单位）应当选择具有涉密印制资质的单位（以下简称资质单位）承接涉密印制业务。

第五条 涉密印制资质管理应当遵循依法管理、安全保密、科学发展、公平公正的原则。

第六条 国家保密行政管理部门主管全国涉密印制资质管理工作，省级保密行政管理部门主管本行政区域内涉密印制资质管理工作。

省级以上保密行政管理部门根据工作需要，可以委托下一级保密行政管理部门开展审查工作，或者组织机构协助开展工作。

第七条 省级以上保密行政管理部门应当指定专门机构承担保密资质管理日常工作。

第八条 省级以上保密行政管理部门建立保密资质审查专家库，组织开展入库审查、培训考核等工作。

第九条 实施涉密印制资质许可不收取任何费用，所需经费纳入同级财政预算。

第二章　等级与条件

第十条 涉密印制资质分为甲级和乙级两个等级。

甲级资质单位可以从事绝密级、机密级、秘密级涉密印制业务；乙级资质单位可以从事机密级、秘密级涉密印制业务。

第十一条 涉密印制资质包括涉密文件资料、国家统一考试试卷、涉密防伪票据证书、涉密光电磁介质、涉密档案数字化加工，以及国家保密行政管理部门许可的其他涉密印制业务。

资质单位应当在保密行政管理部门许可的业务种类范围内承接涉密印制业务。

第十二条　申请单位应当具备以下基本条件：

（一）在中华人民共和国境内注册的法人，从事印制业务三年以上，甲级资质申请单位还应当具备相应乙级资质三年以上；

（二）无犯罪记录且近三年内未被吊销保密资质（资格），法定代表人、主要负责人、实际控制人未被列入失信人员名单；

（三）法定代表人、主要负责人、实际控制人、董（监）事会人员、高级管理人员以及从事涉密印制业务人员具有中华人民共和国国籍，无境外永久居留权或者长期居留许可，与境外人员无婚姻关系，国家另有规定的除外；

（四）具有从事涉密印制业务的专业能力；

（五）法律、行政法规和国家保密行政管理部门规定的其他条件。

第十三条　申请单位应当具备以下保密条件：

（一）有专门机构或者人员负责保密工作；

（二）保密制度完善；

（三）从事涉密印制业务的人员经过保密教育培训，具备必要的保密知识和技能；

（四）用于涉密印制业务的场所、设施、设备符合国家保密规定和标准；

（五）有专门的保密工作经费；

（六）法律、行政法规和国家保密行政管理部门规定的其他保密条件。

第十四条　申请涉密文件资料、涉密光电磁介质、涉密档案数字化加工资质的单位不得有外国投资者投资。在新三板挂牌的企业申请资质以及资质有效期内的，还应当符合以下条件：

（一）参与挂牌交易的股份比例不高于总股本的30%；

（二）实际控制人在申请期间及资质有效期内保持控制地位不变。

第十五条　申请国家统一考试试卷、涉密防伪票据证书资质的单位不得由外国投资者控股。

第十六条　申请单位应当建立完善的内部管理和信息披露制度，未经国务院有关主管部门或者省级人民政府有关主管部门批准，外国投资者不得接触、知悉国家秘密信息。

第十七条　申请单位申请不同等级和业务种类的涉密印制资质，应当符合涉密印制资质具体条件的要求。

第三章　申请、受理、审查与决定

第十八条　申请甲级资质的，应当向国家保密行政管理部门提出申请；申请乙级资质的，应当向注册地的省级保密行政管理部门提出申请。申请单位应当提交以下材料：

（一）《国家秘密载体印制资质申请书》（以下简称申请书）；

（二）企业营业执照或者事业单位法人证书；

（三）在登记机关备案的章程；

（四）从事印刷、复制等经营活动的许可证明；

（五）法定代表人、主要负责人、实际控制人、董（监）事会人员、高级管理人员以及从事涉密印制业务的其他人员情况；

（六）资本结构和股权情况；

（七）上一年度企业年度报告；

（八）生产经营和办公场所的产权证书或者租赁合同；

（九）近三年印制业务合同清单；

（十）涉密印制业务设备、场所和保密设施、设备情况；

（十一）基本管理制度、保密制度以及保密体系运行情况。

申请书及相关材料不得涉及国家秘密,申请单位应当对申请材料的真实性和完整性负责。

第十九条　保密行政管理部门收到申请材料后,应当在五日内完成审查。申请材料齐全且符合法定形式的,应当受理并发出受理通知书;申请材料不齐全或者不符合法定形式的,应当一次告知申请单位十五日内补正材料;逾期未告知申请单位补正的,自收到申请材料之日起即为受理。申请单位十五日内不予补正的,视为放弃本次行政许可申请。

第二十条　资质审查分为书面审查、现场审查。确有需要的,可以组织专家开展评审。

第二十一条　对作出受理决定的,保密行政管理部门应当对提交的申请材料进行书面审查。

第二十二条　对书面审查合格的单位,保密行政管理部门应当指派两名以上工作人员,并可以结合工作实际指派一名以上审查专家,依据涉密印制资质审查细则和评分标准,对保密制度、保密工作机构、保密监督管理、涉密人员管理、保密技术防护以及从事涉密印制业务的专业能力等情况进行现场审查。

涉密印制资质审查细则和评分标准由国家保密行政管理部门另行规定。

第二十三条　现场审查应当按照以下程序进行:

(一)提前五日以传真、电子邮件等形式书面通知申请单位现场审查时间;

(二)听取申请单位情况汇报和对有关事项的说明;

(三)审查有关材料;

(四)与主要负责人、保密工作负责人及有关人员谈话了解情况;

（五）组织涉密人员进行保密知识测试；

（六）对涉密场所、涉密设备等进行实地查看；

（七）汇总现场审查情况，形成现场审查报告；

（八）通报审查情况，申请单位法定代表人或者主要负责人在现场审查报告上签字确认。

第二十四条　申请单位具有下列情形之一的，保密行政管理部门应当终止审查：

（一）隐瞒有关情况或者提供虚假材料的；

（二）采取贿赂、请托等不正当手段，影响审查工作公平公正进行的；

（三）无正当理由拒绝按通知时间接受现场审查的；

（四）现场审查中发现不符合评分标准基本项的；

（五）其他违反保密法律法规的行为。

第二十五条　申请单位书面审查、现场审查合格的，保密行政管理部门应当准予行政许可。

申请单位具有下列情形之一的，保密行政管理部门应当作出不予行政许可的书面决定，说明理由并告知申请单位相关权利。

（一）书面审查不合格的；

（二）现场审查不合格的；

（三）终止审查的；

（四）法律、行政法规规定的不予行政许可的其他情形。

第二十六条　保密行政管理部门应当自受理申请之日起二十日内，对申请单位作出准予行政许可或者不予行政许可的决定。二十日内不能作出决定的，经本行政机关负责人批准，可以延长十日，并应当将延长期限的理由告知申请单位。

保密行政管理部门组织开展专家评审、鉴定所需时间不计入行政许可期限。

第二十七条 保密行政管理部门作出准予行政许可的决定的,自作出决定之日起十日内向申请单位颁发《国家秘密载体印制资质证书》(以下简称《资质证书》)。

第二十八条 《资质证书》有效期为五年,分为正本和副本,正本和副本具有同等法律效力。样式由国家保密行政管理部门统一制作,主要包括以下内容:

(一)单位名称;

(二)法定代表人;

(三)注册地址;

(四)证书编号;

(五)资质等级;

(六)业务种类;

(七)发证机关;

(八)有效期和发证日期。

第二十九条 《资质证书》有效期满,需要继续从事涉密印制业务的,应当在有效期届满三个月前向保密行政管理部门提出延续申请,保密行政管理部门应当按照本办法有关规定开展审查,申请单位未按规定期限提出延续申请的,视为重新申请。

有效期届满且未准予延续前,不得签订新的涉密印制业务合同。对于已经签订合同但未完成的涉密业务,在确保安全保密的条件下可以继续完成。

第三十条 省级保密行政管理部门应当将许可的乙级资质单位报国家保密行政管理部门备案。

准予行政许可和注销、吊销、撤销以及暂停资质的决定,由作出决定的保密行政管理部门在一定范围内予以发布。

第四章　监督与管理

第三十一条　省级以上保密行政管理部门应当加强对下一级保密行政管理部门以及协助开展审查工作的专门机构的监督检查，及时纠正资质管理中的违法违规行为。

第三十二条　保密行政管理部门应当开展"双随机"抽查、飞行检查等形式的保密检查，对资质单位从事涉密印制业务和保密管理情况进行监督。

第三十三条　机关、单位委托资质单位印制国家秘密载体，应当查验其《资质证书》，出具委托证明，签订保密协议，提出保密要求，督促落实保密措施。

资质单位应当查验、收取委托方的委托证明，并进行登记。没有委托证明的，资质单位不得承接。

第三十四条　资质单位与其他单位合作开展涉密印制业务的，合作单位应当具有相应的涉密印制资质且取得委托方书面同意。

资质单位不得将涉密印制业务分包或者转包给无相应涉密资质的单位。

第三十五条　乙级资质单位拟在注册地的省级行政区域外承接涉密印制业务的，应当向业务所在地的省级保密行政管理部门备案，接受保密监督管理。

第三十六条　资质单位实行年度自检制度，应当于每年3月31日前向作出准予行政许可决定的保密行政管理部门报送上一年度自检报告。

第三十七条　资质单位下列事项发生变更的，应当在变更前向保密行政管理部门书面报告：

（一）注册资本或者股权结构；

（二）控股股东或者实际控制人；

（三）单位性质或者隶属关系；

（四）用于涉密印制业务的场所。

保密行政管理部门应当对资质单位变更事项进行书面审查。通过审查的，资质单位应当按照审定事项实施变更，并在变更完成后十日内提交情况报告。

对影响或者可能影响国家安全的外商投资，应当按照外商投资安全审查制度进行安全审查。

资质单位发生控股股东或者实际控制人、单位性质或者隶属关系、用于涉密印制业务的场所等事项变更的，保密行政管理部门应当组织现场审查。

第三十八条　资质单位下列事项发生变更的，应当在变更后十日内向保密行政管理部门书面报告：

（一）单位名称；

（二）注册地址或者经营地址；

（三）经营范围；

（四）法定代表人、董（监）事会人员或者高级管理人员。

资质单位变更完成需换发《资质证书》的，由保密行政管理部门审核后重新颁发。

第三十九条　保密行政管理部门在现场审查、保密检查过程中，发现申请单位或者资质单位存在涉嫌泄露国家秘密的案件线索，应当根据工作需要，按照泄密案件管辖权限，经保密行政管理部门负责人批准，由具备执法资格的人员对有关设施、设备、载体等采取登记保存措施，依法开展调查工作。

保密行政管理部门调查结束后，认定申请单位或者资质单位存在违反保密法律法规事实的，违法行为发生地的保密行政管理部门应当按照本办法作出处理,并将违法事实、处理结果抄告受理申请或者准予行政许可的保密行政管理部门。

第四十条 有下列情形之一的,作出准予行政许可决定的保密行政管理部门或者其上级保密行政管理部门,依据职权可以撤销行政许可:

(一)保密行政管理部门滥用职权、玩忽职守作出准予行政许可决定的;

(二)超越法定职权作出准予行政许可决定的;

(三)违反法定程序作出准予行政许可决定的;

(四)对不具备申请资格或者不符合法定条件的申请单位准予行政许可的;

(五)依法可以撤销行政许可的其他情形。

资质单位采取欺骗、贿赂等不正当手段取得资质的,保密行政管理部门应当撤销其资质,停止其涉密业务。自撤销之日起,三年内不得再次申请。

第四十一条 资质单位具有下列情形之一的,作出准予行政许可决定的保密行政管理部门应当注销其资质:

(一)《资质证书》有效期届满未延续的;

(二)法人资格依法终止的;

(三)主动申请注销资质的;

(四)行政许可依法被撤销、撤回,或者行政许可证件依法被吊销的;

(五)因不可抗力导致行政许可事项无法实施的;

(六)法律、行政法规规定的应当注销资质的其他情形。

第四十二条 申请单位或者资质单位对保密行政管理部门作出的决定不服的,可以依法申请行政复议或者提起行政诉讼。

第五章　法　律　责　任

第四十三条　资质单位违反本办法的，依照本办法有关规定处理；构成犯罪的，依法追究刑事责任。

第四十四条　资质单位具有下列情形之一的，保密行政管理部门应当责令其在二十日内完成整改，逾期不改或者整改后仍不符合要求的，给予六个月以上十二个月以下暂停资质的处罚：

（一）未经委托方书面同意，擅自与其他涉密印制资质单位合作开展涉密印制业务的；

（二）超出行政许可的业务种类范围承接涉密印制业务的；

（三）发生需要报告的事项，未及时报告的；

（四）未按本办法提交年度自检报告的；

（五）不符合其他保密管理规定，存在泄密隐患的。

第四十五条　资质单位不再符合申请条件，或者具有下列情形之一的，保密行政管理部门应当吊销其资质，停止其涉密业务：

（一）涂改、出卖、出租、出借《资质证书》，或者以其他方式伪造、非法转让《资质证书》的；

（二）将涉密印制业务分包或者转包给无相应涉密资质单位的；

（三）发现国家秘密已经泄露或者可能泄露，未按法定时限报告的；

（四）拒绝接受保密检查的；

（五）资质暂停期间，承接新的涉密印制业务的；

（六）资质暂停期满，仍不符合保密管理规定的；

（七）发生泄密案件的；

（八）其他违反保密法律法规的行为。

第四十六条　申请单位隐瞒有关情况或者提供虚假材料的，保密行政管理部门应当作出不予受理或者不予行政许可的决定。自不予受理或者不予许可之日起,一年内不得再次申请。

第四十七条　未经保密行政管理部门许可的单位从事涉密印制业务的,由保密行政管理部门责令停止违法行为,非法获取、持有的国家秘密载体,应当予以收缴;有违法所得的,由市场监督管理部门没收违法所得;构成犯罪的,依法追究刑事责任。

第四十八条　机关、单位委托未经保密行政管理部门许可的单位从事涉密印制业务的,应当由有关机关、单位对直接负责的主管人员和其他直接责任人员依法给予处分;构成犯罪的,依法追究刑事责任。

第四十九条　保密行政管理部门及其工作人员未依法履行职责,或者滥用职权、玩忽职守、徇私舞弊的,对直接负责的主管人员和其他直接责任人员依法给予政务处分;构成犯罪的,依法追究刑事责任。

第六章　附　　则

第五十条　机关、单位内部非经营性印刷厂、文印中心(室),承担本机关、单位涉密印制业务的,可不申请涉密印制资质,由本机关、单位按照保密要害部门部位进行管理,接受同级保密行政管理部门监督指导。

第五十一条　申请单位资本结构包含香港特别行政区、澳门特别行政区、台湾地区投资者以及定居在国外中国公民投资者的,参照本办法管理。国家另有规定的,从其规定。

第五十二条　本办法规定的实施行政许可的期限以工作日计算,不含法定节假日。

第五十三条　本办法由国家保密局负责解释。

第五十四条　本办法自 2021 年 3 月 1 日起施行。国家保密局、国家工商行政管理总局、国家新闻出版总署发布的《国家秘密载体印制资质管理办法》（国保发〔2012〕7 号，国保发〔2019〕13 号修订）同时废止。

附件：国家秘密载体印制资质具体条件

附件

国家秘密载体印制资质具体条件

一、涉密文件资料

（一）甲级资质

1. 取得《印刷经营许可证》。

2. 上一个会计年度净资产不少于 5000 万元人民币。

3. 在本单位依法缴纳社保一年以上的人员不少于 50 名。

4. 具有自有产权或者租赁期 3 年（含）以上的固定生产经营场所，建筑面积不少于 1000 平方米。

5. 具备独立的保密室和涉密印制业务所必需的印制车间、成品库、废品库等功能场所，实行封闭式管理，周边环境安全可控。

（二）乙级资质

1. 取得《印刷经营许可证》。

2. 上一个会计年度净资产不少于 500 万元人民币。

3. 在本单位依法缴纳社保一年以上的人员不少于 20 名。

4. 具有自有产权或者租赁期 3 年（含）以上的固定生产经营场所，建筑面积不少于 200 平方米。

5. 具备独立的保密室和涉密印制业务所必需的印制车间、成品库、废品库等功能场所，实行封闭式管理，周边环境安全可控。

二、国家统一考试试卷

（一）甲级资质

1. 取得《印刷经营许可证》。

2. 上一个会计年度净资产不少于 5000 万元人民币。

3. 在本单位依法缴纳社保一年以上的人员不少于 40 名。

4. 具有自有产权或者租赁期 3 年（含）以上的固定生产经营场所，建筑面积不少于 5000 平方米。

5. 具备独立的保密室和具有符合入闱管理条件的试卷印制车间、成品库、废品库等功能场所，实行封闭管理，周边环境安全可控。

（二）乙级资质

1. 取得《印刷经营许可证》。

2. 上一个会计年度净资产不少于 1000 万元人民币。

3. 在本单位依法缴纳社保一年以上的人员不少于 20 名。

4. 具有自有产权或者租赁期 3 年（含）以上的固定生产经营场所，建筑面积不少于 1000 平方米。

5. 具备独立的保密室和具有符合入闱管理条件的试卷印制车间、成品库、废品库等功能场所，实行封闭管理，周边环境安全可控。

三、涉密防伪票据证书

（一）甲级资质

1. 取得《印刷经营许可证》。

2. 上一个会计年度净资产不少于 1 亿元人民币。

3. 在本单位依法缴纳社保一年以上的人员不少于 60 名。

4. 具有自有产权或者租赁期 3 年（含）以上的固定生产经营场所，建筑面积不少于 3000 平方米。

5. 具备独立的保密室和具有涉密防伪票据证书印制业务所必需

的制版车间、涉密防伪材料库等功能场所,实行封闭管理,周边环境安全可控。

(二)乙级资质

1. 取得《印刷经营许可证》。

2. 上一个会计年度净资产不少于1000万元人民币。

3. 在本单位依法缴纳社保一年以上的人员不少于30名。

4. 具有自有产权或者租赁期3年(含)以上的固定生产经营场所,建筑面积不少于1000平方米。

5. 具备独立的保密室和具有涉密防伪票据证书印制业务所必需的制版车间、涉密防伪材料库等功能场所,实行封闭管理,周边环境安全可控。

四、涉密光电磁介质

(一)甲级资质

1. 取得《复制经营许可证》。

2. 上一个会计年度净资产不少于1000万元人民币。

3. 在本单位依法缴纳社保一年以上的人员不少于30名。

4. 具有自有产权或者租赁期3年(含)以上的固定生产经营场所,建筑面积不少于1000平方米。

5. 具备独立的保密室和具有涉密光电磁介质复制业务所必需的印制车间、成品库、废品库等功能场所,实行封闭式管理,周边环境安全可控。

6. 具有功能完备的光电磁介质生产设备。

(二)乙级资质

1. 取得《复制经营许可证》。

2. 上一个会计年度净资产不少于200万元人民币。

3. 在本单位依法缴纳社保一年以上的人员不少于15名。

4. 具有自有产权或者租赁期 3 年（含）以上的固定生产经营场所，建筑面积不少于 200 平方米。

5. 具备独立的保密室和具有涉密光电磁介质复制业务所必需的印制车间、成品库、废品库等功能场所，实行封闭式管理，周边环境安全可控。

6. 具有功能完备的光电磁介质生产设备。

五、涉密档案数字化加工

（一）甲级资质

1. 上一个会计年度净资产不少于 1000 万元人民币。

2. 在本单位依法缴纳社保一年以上的人员不少于 50 名。

3. 具有自有产权或者租赁期 3 年（含）以上的固定生产经营场所，建筑面积不少于 300 平方米。

4. 具备独立的保密室和具有用于涉密档案数字化加工业务场所，实行封闭式管理，周边环境安全可控。

5. 具有功能完备的档案数字化加工设备。

（二）乙级资质

1. 上一个会计年度净资产不少于 200 万元人民币。

2. 在本单位依法缴纳社保一年以上的人员不少于 20 名。

3. 具有自有产权或者租赁期 3 年（含）以上的固定生产经营场所，建筑面积不少于 200 平方米。

4. 具备独立的保密室和具有用于涉密档案数字化加工业务场所，实行封闭式管理，周边环境安全可控。

5. 具有功能完备的档案数字化加工设备。

国家秘密鉴定工作规定

（2021 年 7 月 30 日国家保密局令 2021 年第 1 号公布
自 2021 年 9 月 1 日起施行）

第一章 总 则

第一条 为了规范国家秘密鉴定工作，根据《中华人民共和国保守国家秘密法》及其实施条例，制定本规定。

第二条 本规定所称国家秘密鉴定，是指保密行政管理部门对涉嫌泄露国家秘密案件中有关事项是否属于国家秘密以及属于何种密级进行鉴别和认定的活动。

第三条 国家秘密鉴定的申请、受理、办理、复核、监督等，适用本规定。

第四条 国家秘密鉴定应当遵循依法、客观、公正的原则，做到事实清楚、依据充分、程序规范、结论准确。

第五条 办理涉嫌泄露国家秘密案件的纪检监察、侦查、公诉、审判机关（以下统称办案机关）可以申请国家秘密鉴定。

国家保密行政管理部门、省（自治区、直辖市）保密行政管理部门负责国家秘密鉴定。

第六条 国家秘密鉴定应当以保密法律法规、保密事项范围和国家秘密确定、变更、解除文件为依据。

第七条 下列事项不得鉴定为国家秘密：

（一）需要公众广泛知晓或者参与的；

（二）属于工作秘密、商业秘密、个人隐私的；

（三）已经依法公开或者泄露前已经无法控制知悉范围的；

（四）法律、法规或者国家有关规定要求公开的；

（五）其他泄露后对国家安全和利益不会造成损害的。

第二章　申请和受理

第八条　中央一级办案机关申请国家秘密鉴定的，应当向国家保密行政管理部门提出。省级及以下办案机关申请国家秘密鉴定的，应当向所在地省（自治区、直辖市）保密行政管理部门提出。

国家保密行政管理部门可以根据工作需要，对省（自治区、直辖市）保密行政管理部门负责鉴定的重大、疑难、复杂事项直接进行鉴定。

第九条　办案机关申请国家秘密鉴定，应当提交下列材料：

（一）申请国家秘密鉴定的公文；

（二）需要进行国家秘密鉴定的事项（以下简称鉴定事项）及鉴定事项清单；

（三）进行国家秘密鉴定需要掌握的有关情况说明，包括案件基本情况、鉴定事项来源、泄露对象和时间、回避建议等。

第十条　申请国家秘密鉴定的公文应当以办案机关名义作出，说明认为相关事项涉嫌属于国家秘密的理由或者依据。

鉴定事项属于咨询意见、聊天记录、讯（询）问笔录、视听资料、电子数据、物品等的，办案机关应当进行筛查和梳理，明确其中涉嫌属于国家秘密、需要申请鉴定的具体内容。

鉴定事项不属于中文的，办案机关应当同时提供中文译本。保密行政管理部门就办案机关提供的中文译本进行鉴定。

第十一条　国家秘密鉴定申请有下列情形之一的，保密行政管理部门不予受理：

（一）申请机关和申请方式不符合本规定第五条、第八条要求的；

（二）办案机关已就同一鉴定事项申请国家秘密鉴定的；

（三）鉴定事项内容明显属于捏造的，或者无法核实真伪、来源的；

（四）未按本规定第九条、第十条提供材料，或者修改、补充后仍不符合要求的；

（五）其他不符合法律、法规、规章规定的情形。

第十二条　保密行政管理部门应当自收到申请国家秘密鉴定的公文之日起5日内，对相关材料进行审查，作出是否受理的决定，并告知办案机关。

经审查认为办案机关提交的材料存在瑕疵、不完整或者不能满足鉴定需要的，应当通知办案机关予以修改或者补充。审查受理时间自相关材料修改完成或者补齐之日起计算。

经审查决定不予受理的，应当说明理由并退还相关材料。

第十三条　办案机关不服不予受理决定的，可以在接到通知之日起10日内，向作出不予受理决定的保密行政管理部门提出书面异议，并按照本规定第九条、第十条规定提供相关材料。

保密行政管理部门应当在10日内，对相关材料进行审查，对符合受理条件的，作出受理决定；对不应受理的，书面告知提出异议的机关并退还相关材料。

省级及以下办案机关提出异议后，对省（自治区、直辖市）保密行政管理部门再次作出的不予受理决定仍有异议的，可以向国家保密行政管理部门提出书面异议。国家保密行政管理部门经审查认为确实不应受理的，书面告知提出异议的机关并退还相关材料；对符合受理条件的，应当要求作出不予受理决定的保密行政管理部门受理鉴定申请。

第三章 鉴 定 程 序

第十四条 受理鉴定申请后,保密行政管理部门应当就下列情况向鉴定事项产生单位征求鉴定意见:

(一)鉴定事项是否由其产生,内容是否真实;

(二)鉴定事项是否已经按照法定程序确定、变更、解除国家秘密,及其时间、理由和依据;

(三)鉴定事项是否应当属于国家秘密及何种密级,是否应当变更或者解除国家秘密,及其理由和依据。

第十五条 存在鉴定事项产生单位不明确,涉及多个机关、单位以及行业、领域,或者有关单位鉴定意见不明确、理由和依据不充分等情形的,保密行政管理部门可以向有关业务主管部门或者相关机关、单位征求鉴定意见。

鉴定事项属于执行、办理已经确定的国家秘密事项的,受理鉴定的保密行政管理部门可以根据工作需要,向原定密单位或者有关业务主管部门征求鉴定意见。

第十六条 国家保密行政管理部门受理鉴定后,对属于地方各级机关、单位产生的鉴定事项,可以征求鉴定事项产生地省(自治区、直辖市)保密行政管理部门鉴定意见。

省(自治区、直辖市)保密行政管理部门受理鉴定后,对属于中央和国家机关产生的鉴定事项,应当直接征求该中央和国家机关鉴定意见;对属于其他地方机关、单位产生的鉴定事项,应当征求相关省(自治区、直辖市)保密行政管理部门鉴定意见。

第十七条 保密行政管理部门征求机关、单位鉴定意见的,机关、单位应当予以配合,按照要求及时提出鉴定意见或者提供相关材料。

第十八条 鉴定事项重大、疑难、复杂或者专业性强、涉及专门技术等问题的，保密行政管理部门可以向相关领域专家进行咨询，为作出国家秘密鉴定结论提供参考。

第十九条 对拟鉴定为国家秘密的事项，保密行政管理部门可以根据工作需要，组织有关机关、单位或者专家对其泄露后已经或者可能造成的危害进行评估。

第二十条 国家秘密鉴定结论应当按照保密法律法规和保密事项范围等鉴定依据，在分析研判有关意见基础上，报保密行政管理部门负责人审批后作出。

第二十一条 省（自治区、直辖市）保密行政管理部门对中央和国家机关、其他省（自治区、直辖市）保密行政管理部门答复的鉴定意见有异议的，或者认为本地区产生的绝密级事项鉴定依据不明确、有争议的，报国家保密行政管理部门审核后，作出鉴定结论。

第二十二条 保密行政管理部门作出鉴定结论应当出具国家秘密鉴定书。国家秘密鉴定书应当包括以下内容：

（一）鉴定事项名称或者内容；

（二）鉴定依据和鉴定结论；

（三）其他需要说明的情况；

（四）鉴定机关名称和鉴定日期。

国家秘密鉴定书应当加盖保密行政管理部门印章。

第二十三条 保密行政管理部门应当在受理国家秘密鉴定申请后30日内作出鉴定结论并出具国家秘密鉴定书。因鉴定事项疑难、复杂等不能按期出具国家秘密鉴定书的，经保密行政管理部门负责人批准，可以适当延长工作时限，延长时限最长不超过30日。

保密行政管理部门征求有关机关、单位鉴定意见，进行专家咨询时，应当明确答复期限，一般不超过 15 日；对鉴定事项数量较多、疑难、复杂等情况的，经双方协商，可以延长 15 日。

机关、单位提出鉴定意见，专家咨询等时间不计入保密行政管理部门国家秘密鉴定办理期限。

第四章 复　　核

第二十四条 办案机关有明确理由或者证据证明保密行政管理部门作出的鉴定结论可能错误的，可以向国家保密行政管理部门申请复核。

第二十五条 办案机关申请复核的，应当提交申请复核的公文，说明申请复核的内容和理由，按照本规定第九条、第十条要求提供相关材料，并附需要进行复核的国家秘密鉴定书。

第二十六条 国家保密行政管理部门受理复核申请后，应当向作出鉴定结论的保密行政管理部门调阅鉴定档案、了解有关情况，对其鉴定程序是否规范、依据是否明确、理由是否充分、结论是否准确等进行审核，并根据需要征求有关机关、单位鉴定意见，进行专家咨询或者组织开展危害评估。

第二十七条 国家秘密鉴定复核结论应当按照保密法律法规和保密事项范围等鉴定依据，在分析研判原鉴定情况以及有关意见基础上，报国家保密行政管理部门主要负责人审批后作出。

国家保密行政管理部门的复核结论为最终结论。

第二十八条 国家保密行政管理部门作出复核结论应当出具国家秘密鉴定复核决定书。

国家秘密鉴定复核决定书维持原国家秘密鉴定结论的，应当说明依据或者理由；改变原国家秘密鉴定结论的，应当作出最终的鉴定结论并说明依据或者理由。

国家秘密鉴定复核决定书应当以国家保密行政管理部门名义作出，并加盖印章，抄送作出原国家秘密鉴定结论的省（自治区、直辖市）保密行政管理部门。

第二十九条　国家保密行政管理部门应当在受理国家秘密鉴定复核申请后60日内作出复核结论并出具复核决定书。因鉴定事项疑难、复杂等不能按期出具国家秘密鉴定复核决定书的，经国家保密行政管理部门主要负责人批准，可以适当延长工作时限，延长时限最长不超过30日。

征求机关、单位鉴定意见，专家咨询时限按照本规定第二十三条第二、三款办理。

第五章　监督管理

第三十条　国家秘密鉴定工作人员与案件有利害关系或者其他关系可能影响公正鉴定的，应当自行回避；办案机关发现上述情形的，有权申请其回避。国家秘密鉴定工作人员的回避，由其所属保密行政管理部门决定。

机关、单位配合开展国家秘密鉴定工作的人员以及有关专家与案件有利害关系或者其他关系可能影响公正鉴定的，应当回避。

第三十一条　保密行政管理部门向机关、单位征求鉴定意见以及组织专家咨询时，应当对鉴定事项作以下处理：

（一）对涉及不同机关、单位或者行业、领域的内容进行拆分，不向机关、单位或者专家提供与其无关、不应由其知悉的内容；

（二）对涉嫌违法犯罪的责任单位或者责任人姓名等作遮盖、删除处理，不向机关、单位或者专家透露案情以及案件办理情况。

第三十二条　保密行政管理部门及其工作人员，配合开展国家秘密鉴定工作的机关、单位及其工作人员，以及有关专家，应当对国家秘密鉴定工作以及工作中知悉的国家秘密、工作秘密、商业秘密、个人隐私予以保密。

保密行政管理部门在征求鉴定意见、组织专家咨询等过程中,应当向有关机关、单位或者专家明确保密要求,必要时组织签订书面保密承诺。

第三十三条 国家秘密鉴定结论与机关、单位定密情况不一致的,保密行政管理部门应当通知机关、单位予以变更或者纠正;对机关、单位未依法履行定密管理职责、情节严重的,予以通报。

第三十四条 省(自治区、直辖市)保密行政管理部门应当将年度国家秘密鉴定工作情况和作出的国家秘密鉴定结论报国家保密行政管理部门。

第三十五条 保密行政管理部门依法办理国家秘密鉴定,不受其他机关、单位,社会团体和个人干涉。

保密行政管理部门未依法履行职责,或者滥用职权、玩忽职守、徇私舞弊的,对负有责任的领导人员和直接责任人员依法进行处理;构成犯罪的,依法追究刑事责任。

第三十六条 在国家秘密鉴定工作中,负有配合鉴定义务的机关、单位及其工作人员拒不配合,弄虚作假,故意出具错误鉴定意见,造成严重后果的,对直接负责的主管人员和其他直接责任人员依法进行处理;构成犯罪的,依法追究刑事责任。

第六章 附 则

第三十七条 保密行政管理部门办理涉嫌泄露国家秘密案件时,可以根据工作需要,按照本规定直接进行国家秘密鉴定。

鉴定事项产生单位属于军队或者鉴定事项涉嫌属于军事秘密的,由军队相关军级以上单位保密工作机构进行国家秘密鉴定或者协助提出鉴定意见。

第三十八条　执行本规定所需要的文书式样，由国家保密行政管理部门统一制定。工作中需要的其他文书，国家保密行政管理部门没有制定式样的，省（自治区、直辖市）保密行政管理部门可以自行制定式样。

第三十九条　本规定由国家保密局负责解释。

第四十条　本规定自2021年9月1日起施行。2013年7月15日国家保密局发布的《密级鉴定工作规定》（国保发〔2013〕5号）同时废止。

派生国家秘密定密管理暂行办法

（2023年2月27日印发　自2023年4月1日起施行）

第一条　为规范派生国家秘密定密（以下简称派生定密）管理，根据《中华人民共和国保守国家秘密法》及其实施条例，制定本办法。

第二条　本办法适用于国家机关和涉及国家秘密的单位（以下简称机关、单位）开展派生定密的工作。

第三条　本办法所称派生定密，是指机关、单位对执行或者办理已定密事项所产生的国家秘密，依法确定、变更和解除的活动。

第四条　本办法所称保密要点（以下简称密点），是指决定一个事项具备国家秘密本质属性的关键内容，可以与非国家秘密以及其他密点明确区分。

第五条　机关、单位开展派生定密，不受定密权限限制。无法定定密权的机关、单位可以因执行或者办理已定密事项，派生国家秘密。具有较低定密权的机关、单位可以因执行或者办理较高密级的已定密事项，派生超出本机关、单位定密权限的国家秘密。

第六条　机关、单位负责人及其指定的人员为本机关、本单位的派生定密责任人，履行派生国家秘密确定、变更和解除的责任。

第七条　机关、单位因执行或者办理已定密事项而产生的事项（以下简称派生事项），符合下列情形之一的，应当确定为国家秘密：

（一）与已定密事项完全一致的；

（二）涉及已定密事项密点的；

（三）是对已定密事项进行概括总结、编辑整合、具体细化的；

（四）原定密机关、单位对使用已定密事项有明确定密要求的。

第八条　派生国家秘密的密级应当与已定密事项密级保持一致。已定密事项明确密点及其密级的，应当与所涉及密点的最高密级保持一致。

第九条　派生国家秘密的保密期限应当按照已定密事项的保密期限确定，或者与所涉及密点的最长保密期限保持一致。已定密事项未明确保密期限的，可以征求原定密机关、单位意见后确定并作出标注，或者按照保密法规定的最长保密期限执行。

第十条　派生国家秘密的知悉范围，应当根据工作需要确定，经本机关、本单位负责人批准。能够限定到具体人员的，限定到具体人员。

原定密机关、单位有明确规定的，应当遵守其规定。

第十一条　派生国家秘密的确定应当按照国家秘密确定的法定程序进行。承办人依据已定密事项或者密点，拟定密级、保密期限和知悉范围，报定密责任人审核。定密责任人对承办人意见进行审核，作出决定。

派生定密应当作出书面记录,注明承办人、定密责任人和定密依据。定密依据应当写明依据的文件名称、文号、密级、保密期限等。

第十二条　机关、单位所执行或者办理的已定密事项没有变更或者解密的,派生国家秘密不得变更或者解密;所执行或者办理的已定密事项已经变更或者解密的,派生国家秘密的密级、保密期限、知悉范围应当及时作出相应变更或者予以解密。

机关、单位认为所执行或者办理的已定密事项需要变更或者解密的,可以向原定密机关、单位或者其上级机关、单位提出建议。未经有关机关、单位同意,派生国家秘密不得擅自变更或者解密。

第十三条　派生国家秘密的变更、解除程序应当履行国家秘密变更或者解除的法定程序。承办人依据已定密事项或者密点的变更、解除情况,提出派生国家秘密变更或者解除意见,报定密责任人审核批准,并作出书面记录。

书面记录应当注明承办人、定密责任人、已定密事项或者密点的变更或者解除情况,以及解密后作为工作秘密管理或者予以公开等。

第十四条　派生事项不是对已定密事项内容或者密点进行概括总结、编辑整合、具体细化的,不应当派生定密。该事项是否需要定密,应当依照保密法律法规和国家秘密及其密级具体范围(以下简称保密事项范围)判断。

第十五条　派生事项既包括已定密事项内容或者密点,也包括有关行业、领域保密事项范围规定事项的,应当同时依据已定密事项和有关保密事项范围进行定密。密级、保密期限应当按照已定密事项和保密事项范围规定事项的最高密级、最长保密期限确定。知悉范围根据工作需要限定到最小范围。

第十六条　原定密机关、单位应当准确确定并规范标注国家秘密的密级、保密期限和知悉范围。对涉密国家科学技术、涉密科研项目、涉密工程、涉密政府采购以及其他可以明确密点的,应当确定密点并作出标注;不能明确标注的,可以附件、附注等形式作出说明。对无法明确密点的,可以编制涉密版和非涉密版,或者对执行、办理环节是否涉及国家秘密、工作秘密等提出明确要求。

原定密机关、单位发现其他机关、单位执行或者办理本机关、本单位已定密事项存在派生定密不当情形的,应当及时要求纠正或者建议纠正,必要时提起保密行政管理部门通知纠正或者责令整改。

第十七条 机关、单位对已定密事项是否已变更或者解除以及派生事项是否涉及密点等情况不明确的,可以向原定密机关、单位请示或者函询,原定密机关、单位应当及时予以答复。

第十八条 机关、单位应当依法履行派生定密主体责任,加强对本机关、本单位派生定密的监督管理,发现存在派生定密不当情形的,应当及时纠正。

第十九条 上级机关、单位应当加强对下级机关、单位派生定密的指导和监督,发现下级机关、单位派生定密不当的,应当及时通知其纠正,也可以直接纠正。

第二十条 各级保密行政管理部门应当依法对机关、单位派生定密进行指导、监督和检查,对发现的问题及时通知纠正或者责令整改。

第二十一条 机关、单位发现定密责任人和承办人定密不当,有下列情形之一的,应当及时纠正并进行批评教育;造成严重后果的,依规依纪依法给予处分:

(一)派生事项应当确定国家秘密而未确定的;

(二)派生事项不应当确定国家秘密而确定的;

(三)未按照法定程序派生定密的;

（四）未按规定标注派生国家秘密标志的；

（五）未按规定变更派生国家秘密的密级、保密期限、知悉范围的；

（六）派生国家秘密不应当解除而解除的；

（七）派生国家秘密应当解除而未解除的；

（八）违反本办法的其他情形。

第二十二条　本办法由国家保密局负责解释。

第二十三条　本办法自 2023 年 4 月 1 日起施行。